TSLTK
THAI AS SECOND LANGUAGE TEACHING KIT

CONVERSATIONAL THAI FOR BEGINNER

พิมพ์ครั้งแรก ธันวาคม พุทธศักราช 2567

ข้อมูลทางบรรณานุกรมของหอสมุดแห่งชาติ

Conversational Thai for Beginner.- กรุงเทพฯ : แรบบิท 4 พริ้นท์, 2567.
310 หน้า.
1. ภาษาไทย - การพูด. I. ธรพร โถวรุ่งเรือง. II. สุกัญญา บุณจันทร์, ผู้วาดภาพประกอบ.
III. ชื่อเรื่อง.

495.918
ISBN : 978-616619200-1

คณะผู้จัดทำ

- ธรพร โถวรุ่งเรือง
- สงวนศรี แคนสา
- สุธีมา ศรีสำอางค์
- จีระภา ดีรักษา
- สกลสุภา นาพันธุ์
- สุพิชฌา อินประสิทธิ์
- หทัยชนก เกิดกำบท
- สุภัทรา เนาว์ถิ่นสุขศิ

ศิลปกรรม : นางสาวสุกัญญา บุญจันทร์

จัดพิมพ์โดย : นางสาวธรพร โถวรุ่งเรือง

พิมพ์ที่ : Rabbit 4 Print 52/22 ซอยวิภาวดีรังสิต 66 แขวงตลาดบางเขน ตลาดบางเขน หลักสี่ กรุงเทพฯ 10210 โทรศัพท์ : 02-552-2222 Line : @Rabbit4printISBN

Level 1

Introduction

Conversational Thai for Beginners by TSLTK is designed for foreign learners who want tostart speaking Thai with confidence from day one.

This book focuses on 300 of the most frequently used Thai words in daily life, presented through clear images and practical examples so you can remember them naturally.

Using our immersion technique, you will learn to connect words, phrases, and real-life situations-just like how children acquire their first language.

Each lesson combines listening, speaking, and cultural tips to help you understand not onlythe language but also the Thai way of communication.

Developed by experienced Thai teachers from TSLTK (Thai as Second Language Teaching Kit), the material reflects over 20 years of teaching expertise and feedback from learners worldwide.

Whether you are learning for travel, work, or personal connection, this book will give you a solid foundation to communicate naturally in Thai.

คำนำ

หนังสือ Conversational Thai for Beginners จัดทำขึ้นโดย TSLTK (Thai as Second Language Teaching Kit) เพื่อใช้เป็นสื่อการสอนสำหรับครูผู้สอนภาษาไทยให้ชาวต่างชาติ โดยมุ่งเน้นการสื่อสารเป็นหลัก เหมาะสำหรับผู้เรียนระดับเริ่มต้นที่ต้องการพูดภาษาไทยได้อย่างมั่นใจ

เนื้อหาในหนังสือรวบรวมคำศัพท์ 300 คำที่ใช้บ่อยที่สุดในชีวิตประจำวัน พร้อมภาพประกอบและตัวอย่างประโยคที่สามารถนำไปใช้ได้ทันทีช่วยให้ผู้เรียนจดจำได้อย่างเป็นธรรมชาติผ่าน เทคนิคการสอนแบบ Immersion ซึ่งส่งเสริมให้ผู้เรียนเชื่อมโยงคำ ประโยคและสถานการณ์จริงได้รวดเร็ว เหมือนการเรียนรู้ภาษาแม่ในวัยเด็ก

แต่ละบทเรียนผสมผสานกิจกรรมการฟัง การพูด และเกร็ดวัฒนธรรมไทย เพื่อเสริมความเข้าใจทั้งด้านภาษาและบริบทการสื่อสาร

TSLTK หวังเป็นอย่างยิ่งว่าหนังสือเล่มนี้จะเป็นผู้ช่วยที่ดีของครูทุกท่าน ทั้งในชั้นเรียนและการสอนออนไลน์ และจะช่วยสร้างประสบการณ์การเรียนที่สนุก เข้าใจง่าย และนำไปใช้ได้จริงสำหรับผู้เรียนของท่าน

สารบัญ

คู่มือการสอน–สำหรับคุณครู

1. พยายามใช้ภาษาไทยในห้องเรียนให้มากที่สุด
2. เปิดโอกาสให้นักเรียนพูดมากกว่าฟัง สร้างสถานการณ์จำลองเพื่อให้นักเรียนได้ฝึกใช้ภาษาไทยในเหตุการณ์ต่าง ๆ และทำกิจกรรมฝึกพูด-ฟัง โดยใช้คำศัพท์ที่เรียนในบทก่อนหน้านี้ เพื่อเป็นการทบทวนอยู่เสมอ
3. หากนักเรียนพูดผิด ให้คุณครูแก้ไขทันที
4. ภาษามือเพื่อช่วยให้นักเรียนออกเสียงสั้นขึ้น

ให้คุณครูวางมือสองข้าง ระยะห่างประมาณ 1 ช่วงไหล่ และค่อย ๆ ดึงมือให้ใกล้กัน พร้อมกับออกเสียงที่ถูกต้อง

5. ภาษามือเพื่อช่วยให้นักเรียนออกเสียงยาวขึ้น

ให้คุณครูวางมือสองข้าง ระยะห่างประมาณ 1 ฝ่ามือ และค่อย ๆ ดึงมือให้ห่างกัน พร้อมกับออกเสียงที่ถูกต้อง

6. ภาษามือสำหรับเสียง สามัญ เอก โท ตรี จัตวา

-	่	้	๊	๋
→ MIDDLE	↓ LOW	∩ FALLING	↑ HIGH	∪ RISING

สามัญ

เอก

โท

ตรี

จัตวา

7. ถ้าเป็นคำศัพท์ใหม่ ที่มีหลายพยางค์ คุณครูควรสอนจากพยางค์สุดท้ายก่อน และค่อย ๆ เพิ่มพยางค์ขึ้นจนครบคำ เช่น คำว่าบุรุษไปรษณีย์ คุณครูควรให้นักเรียนหัดออกเสียงจากคำว่า
   นี >> สะ-นี >> ไปร-สะ-นี >> หรุด-ไปร-สะ-นี >> บุ-หรุด-ไปร-สะ-นี
8. คุณครูควรตั้งคำถามเพื่อวัดระดับความรู้ของนักเรียนเป็นระยะ และเน้นคำศัพท์ที่นักเรียน (ส่วนใหญ่) มีปัญหาเป็นพิเศษ

Chapter 1

Part 1 New Vocabulary : คำศัพท์ใหม่

Vocabulary คำศัพท์	Definition ความหมาย	Note เพิ่มเติม
 สวัสดี Sà-wàt-dee	*Interjection* 1. Hello, Hi, Good morning, Good afternoon 2. Goodbye	
Polite ending word for female ค่ะ Kâ	*Particle* !! No direct translation It's a particle used by female speakers at the end of sentences to make them more polite.	
Polite ending word for male ครับ Kráp	*Particle* !! No direct translation It's a particle used by male speakers at the end of sentences to make them more polite.	
 ขอบคุณ Kòp-kun	*Verb* Thank you	

Vocabulary คำศัพท์	Definition ความหมาย	Note เพิ่มเติม
 ขอโทษ Kǒr-tôht	*Interjection* 1. Sorry 2. Excuse me	
 ไม่เป็นไร Mâi-bpen-rai	*Verb* 1. It's Okay. 2. It's all right. 3. It's doesn't matter.	
 ฉัน Chǎn	*Personal Pronoun* I , me (for female)	
 ผม Pǒm	*Personal Pronoun* 1. I, me (for male) *Noun* 2. Hair	
 คุณ Kun	*Personal Pronoun* 1. You *Title* 2. Mr ; Mrs ; Miss ; Ms	

Vocabulary คำศัพท์	Definition ความหมาย	Note เพิ่มเติม
 พ่อ Pôr	*Noun* Father, dad	
 แม่ Mâe	*Noun* Mother, mum, mom	
 เพื่อน Peûuan	*Noun* Friend	
 แฟน Faen	*Noun* 1. Girlfriend, boyfriend, partner 2. Fan, supporter	
 ภรรยา Pan-rá-yaa	*Noun* Wife	
 สามี Sǎa-mee	*Noun* Husband	

Vocabulary คำศัพท์	Definition ความหมาย	Note เพิ่มเติม
 ชื่อ Chêu	*Noun* Name	
 อะไร À-rai	*Interrogative* What	
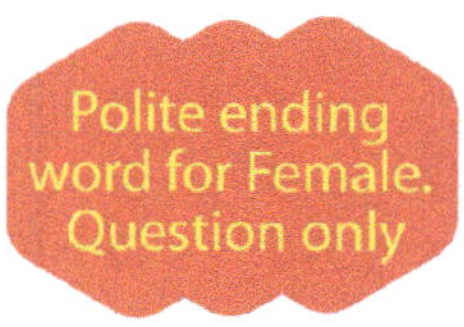 คะ Ká	*Particle* !! No direct translation It's a particle used by female speakers at the end of questions to make them more polite.	
 สบายดี Sà-baai dee	*Verb* (To be) Fine, (to be) well, (to be) happy	
 ไหม / มั้ย Măi / mái	*Particle* !! No direct translation It's a particle used to turn a statement into a question, similar to a question mark.	

Part 2 Listen to the given sentences and circle the correct meaning in English. ฟังภาษาไทย ฝึกแปลเป็นภาษาอังกฤษ

<table>
<tr><th>Thai Sentence
ประโยคภาษาไทย</th><th>Choice 1
ตัวเลือกที่ 1</th><th>Choice 2
ตัวเลือกที่ 2</th></tr>
<tr><td>สวัสดีค่ะ
Sà-wàt-dee kâ</td><td>

Hello</td><td>

Thank you</td></tr>
<tr><td>สบายดีมั้ย
Sà-baai dee mái</td><td>

Are you well? (How are you?)</td><td>

I am well. (I am fine.)</td></tr>
<tr><td>สบายดีค่ะ
Sà-baai dee kâ</td><td>

I am well. (for female)</td><td>

Sorry. (for female)</td></tr>
<tr><td>ชื่ออะไรคะ
Chêu à-rai ká</td><td>

What's your name? (for male)</td><td>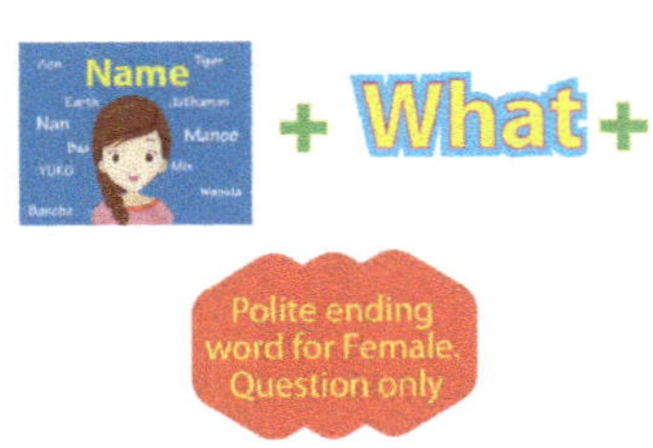

What's your name? (for female)</td></tr>
</table>

Thai Sentence ประโยคภาษาไทย	Choice 1 ตัวเลือกที่ 1	Choice 2 ตัวเลือกที่ 2
ผมชื่อ..... ครับ Pǒm cheu ….. kráp	I for male + Name + ... + Polite ending word for male *My name is....(for male)*	I for female + Name + ... + Polite ending word for female *My name is.... (for female)*
คุณพ่อชื่ออะไร Kun pôr chêu à-rai	Father + You (Mr ; Mrs ; Miss ; Ms) + Name + What *What's your father's name?*	You (Mr ; Mrs ; Miss ; Ms) + Father + Name + What *What's father's name?*
แฟนชื่ออะไร Faen chêu à-rai	Boyfriend, Girlfriend + Name + What *what is boyfriend or girlfriend's name?*	Mother + Name + What *what is mother's name?*
ขอบคุณครับ Kòp-kun kráp	Thank you + Polite ending word for male *Thank you (for male)*	Sorry + Polite ending word for male *Sorry (for male)*
ขอโทษค่ะ Kǒr-tôht kâ	Thank you + Polite ending word for female *Thank you (for female)*	Sorry + Polite ending word for female *Sorry (for female)*

<table>
<tr><th>Thai Sentence
ประโยคภาษาไทย</th><th>Choice 1
ตัวเลือกที่ 1</th><th>Choice 2
ตัวเลือกที่ 2</th></tr>
<tr><td>ไม่เป็นไรครับ
Mâi-bpen-rai kráp</td><td>

Hello (for male)</td><td>

It'OK (for male)</td></tr>
</table>

Part 3 Say Thai Sentences from the given pictures.
ฝึกพูดภาษาไทยจากรูปภาพ

<table>
<tr><th>Picture รูปภาพ</th><th>Thai Transliteration คำอ่านภาษาไทย</th></tr>
<tr><td>
</td><td>Faen chêu Mǐeow kráp</td></tr>
<tr><td>
</td><td></td></tr>
<tr><td>
</td><td></td></tr>
</table>

Picture รูปภาพ	Thai Transliteration คำอ่านภาษาไทย

Picture รูปภาพ	Thai Transliteration คำอ่านภาษาไทย

Part 4 Make Thai sentences from below picture.
ฝึกพูดภาษาไทยจากภาพต่อไปนี้

Culture note

Instead of shaking hands, Thais greet each other with the 'wâi' which is usually paired with the word 'sàwàsdee'.

Your Sentence ประโยค	Example ตัวอย่าง
	สวัสดีค่ะ Sà-wàt-dee kâ Hello (for female). สวัสดีครับ Sà-wàt-dee kráp Hello (for male).

Your Sentence ประโยค	Example ตัวอย่าง
	สบายดีมั้ยครับ Sà-baai dee mái kráp Are you well? (How are you?)
	สบายดีค่ะ Sà-baai dee kâ I am well./ I am fine.
	คุณชื่ออะไรครับ Kun chêu à-rai kráp What's your name?
	ฉันชื่อเหมียวค่ะ Chǎn chêu Mǐieow kâ My name is Miieow.
	ขอบคุณครับ Kòp-kun kráp Thank you.
	ไม่เป็นไรค่ะ Mâi-bpen-rai kâ It's OK.

Part 5 Match Thai sentences with their correct English translation.
จับคู่ประโยคภาษาไทยให้ตรงกับความหมายภาษาอังกฤษ

ขอบคุณครับคุณแม่ Kòp-kun kráp kun mâe	I am well (for male).
พ่อคุณสบายดีมั้ยครับ Pôr-kun-sà-baai-dee mái kráp	It's OK (for female).
ไม่เป็นไรค่ะ Mâi-bpen-rai kâ	What is your partner's name?
ผมสบายดีครับ Pǒm sà-baai- dee kráp	Thank you, mother.
แฟนคุณชื่ออะไรครับ Faen kun chêu à-rai kráp	Is your father well? (How is your father?)

Part 6 Make a sentence using these words.
แต่งประโยคจากคำที่กำหนด

1. ชื่อ (Chêu) ....
....

2. อะไร (À-rai) ....
....

3. สามี (Sǎa-mee) ....
....

4. แม่ (Mâe) ....
....

5. ผม (Pǒm) ....
....

Part 7 Homework Translate these sentences to Thai.
แปลประโยคต่อไปนี้เป็นภาษาไทย

1. Hello.

....

2. Sorry.

....

3. What's your name?

....

4. My name is Miieow.

....

5. Are you well? (How are you?)

....

Chapter 2

Part 1 Review chapter 1 : ทบทวนบทที่ 1

- Circle the word you hear from the teacher. วงคำที่ได้ยินจากผู้สอน
- Circle the word you know and say in Thai. วงคำที่รู้จักและพูดเป็นภาษาไทย
- Say sentences from these pictures. พูดประโยคจากรูปต่อไปนี้

Part 2 New Vocabulary : คำศัพท์ใหม่

0	1	2	3	4	5	6	7	8	9	10
ศูนย์	หนึ่ง	สอง	สาม	สี่	ห้า	หก	เจ็ด	แปด	เก้า	สิบ
Sǒon	Nèung	Sǒng	Sǎam	Sèe	Hâa	Hòk	Jèt	Bpàet	Gâo	Sìp

Vocabulary คำศัพท์	Definition ความหมาย	Note เพิ่มเติม
 อายุ Aa-yú	*Noun* Age	
 เท่าไร / เท่าไหร่ Tao-rài	*Interrogative* How much	
 กี่ Gèe	*Interrogative* How many	

Vocabulary คำศัพท์	Definition ความหมาย	Note เพิ่มเติม
One-as in 11,21,31.... 11 เอ็ด Èt	*Noun* Used to replace หนึ่ง (Neung) when it is the final digit in a compound number	It is used to replace หนึ่ง (nèung) when the numbers are in the 10s position that include a 1.
Two - as in 20, 21, 22... 21...29 ยี่ Yêe	*Noun* Two (used in 20-29 only)	It is used to count in 20s that are formed by combining the base numbers with '-sìp'
Hundred 100 ร้อย Rói	*Noun* Hundred	
Thousand 1,000 พัน Pan	*Noun* Thousand	
Ten thousand 10,000 หมื่น Mèun	*Noun* Ten thousand	

Vocabulary คำศัพท์	Definition ความหมาย	Note เพิ่มเติม
Hundred thousand 100,000 แสน Sǎen	*Noun* Hundred thousand	
Million 1,000,000 ล้าน Láan	*Noun* Million	
 ปี Bpee	*Noun, Classifier* Year	
 ราคา Raa-kaa	*Noun* Price, cost, value	
Baht  บาท Bàat	*Noun* Official currency of Thailand	
Coin  เหรียญ Rǐian	*Noun* 1. Coin 2. Dollar	

Vocabulary คำศัพท์	Definition ความหมาย	Note เพิ่มเติม
 แบงก์ Báeng	*Noun* 1. Bank note 2. Bank	
 ขอ Kǒr	*Verb* (To) Request, (to) ask for	
 มี Mee	*Verb* (To) Have	

ตัวอย่างการใช้ How to say numbers in Thai

ล้าน Láan	แสน Sǎen	หมื่น Mèun	พัน Pan	ร้อย Rói	สิบ Sìp		Number
5	5	5	5	5	5	5	5,555,555
ห้า-ล้าน Hâa-Láan	ห้า-แสน Hâa-Sǎen	ห้า-หมื่น Hâa-Mèun	ห้า-พัน Hâa-Pan	ห้า-ร้อย Hâa-Rói	ห้า-สิบ Hâa-Sìp	ห้า Hâa	ห้า-ล้าน-ห้า-แสน-ห้า-หมื่น-ห้า-พัน-ห้า-ร้อย-ห้า-สิบ-ห้า Hâa-Láan-Hâa-Sǎen-Hâa-Mèun-Hâa-Pan-Hâa-Rói-Hâa-Sìp-Hâa

ล้าน Láan	แสน Sǎen	หมื่น Mèun	พัน Pan	ร้อย Rói	สิบ Sìp		Number
1 Nèung	2 Sǒng	3 Sǎam	4 Sèe	5 Hâa	6 Hòk	7 Jèt	1,234,567
หนึ่ง-ล้าน Nèung-Láan	สอง-แสน Sǒng-Sǎen	สาม-หมื่น Sǎam-Mèun	สี่-พัน Sèe-Pan	ห้า-ร้อย Hâa-Rói	หก-สิบ Hòk-Sìp	เจ็ด Jèt	หนึ่ง-ล้าน-สอง-แสน-สาม-หมื่น-สี่-พัน-ห้า-ร้อย-หก-สิบ-เจ็ด Nèung-Láan-Sǒng-Sǎen-Sǎam-Mèun-Sèe-Pan-Hâa-Rói-Hòk-Sìp-Jèt

Say numbers in Thai ฝึกพูดตัวเลขภาษาไทย

ล้าน Láan	แสน Sǎen	หมื่น Mèun	พัน Pan	ร้อย Rói	สิบ Sìp		Number

Part 3 Listen to the given sentences and circle the correct meaning in English. ฟังภาษาไทย ฝึกแปลเป็นภาษาอังกฤษ

Thai Sentence ประโยคภาษาไทย	Choice 1 ตัวเลือกที่ 1	Choice 2 ตัวเลือกที่ 2
คุณอายุเท่าไหร่ Kun aa-yú tâo-rài	 How old are you?	 How many years are you? (How old are you?)
ผมอายุ สี่สิบสามปี Pǒm aa-yú sèe-sìp-sǎam bpee	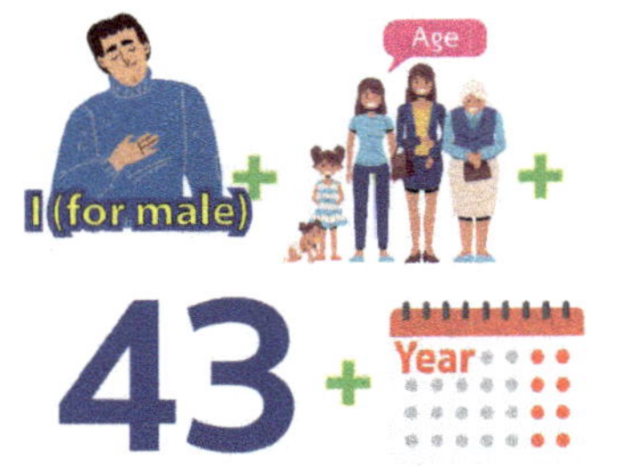 I am 43 years old. (for male)	 I am 43 years old. (for female)
ราคาเท่าไหร่ Raa-kaa tâo-rài	 How many baht is it?	 How much is it?
ราคากี่บาท Raa-kaa gèe bàat	 How many dollar is it?	 How many baht is it?

Thai Sentence ประโยคภาษาไทย	Choice 1 ตัวเลือกที่ 1	Choice 2 ตัวเลือกที่ 2
ราคา ยี่สิบเอ็ดบาท Raa-kaa yêe-sìp-èt bàht	Price + 21 Baht + B The price is 21 baht.	Price + 12 Baht + B The price is 12 baht.
ขอแบงก์ร้อยค่ะ Kǒr báeng rói kâ	Request + Bank note + Thousand 1,000 + Polite ending word for female Ask for 1,000 baht note? (Can I have 1,000 baht note?)	Request + Bank note + Hundred 100 + Polite ending word for female Ask for 100 baht note? (Can I have 100 baht note?)
มีเหรียญสิบมั้ย Mee rǐian sìp mái	Have + Coin + 10 + Yes or no? Do you have 10 baht coin?	I (for male) + Have + Coin + 10 I have 10 baht coin.
ราคา หนึ่งร้อย แปดสิบเก้าบาท Raa-kaa nèung-rói-bpàet-sìp-gâo bàat	Price + 981 Baht + B The price is 981 baht.	Price + 189 Baht + B The price is 189 baht.
หนึ่งล้านห้าแสน Nèung-láan-hâa-sǎen	150,000	1,500,000

Thai Sentence ประโยคภาษาไทย	Choice 1 ตัวเลือกที่ 1	Choice 2 ตัวเลือกที่ 2
หกหมื่นสามพันเก้าร้อย Hòk-mèun-sǎam-pan-gâo-rói	63,900	639,000

Part 4 Say Thai Sentences from the given pictures.
ฝึกพูดภาษาไทยจากรูปภาพ

Picture รูปภาพ	Thai Transliteration คำอ่านภาษาไทย
	Faen pǒm aa-yú yêe-sìp-bpàet bpee

Picture รูปภาพ	Thai Transliteration คำอ่านภาษาไทย

650	
84,750	
452,500	

Part 5 Make Thai sentences from below picture.
ฝึกพูดภาษาไทยจากภาพต่อไปนี้

Culture note

It is common in Thai small talk to ask someone's age when meeting for the first time; so that we can address you with the proper pronoun to show respect.

Your Sentence ประโยค	Example ตัวอย่าง
	ราคาเท่าไหร่ Raa-kaa tâo-rài How much is it? ราคากี่บาท Raa-kaa gèe bàat How many baht is it?

Your Sentence ประโยค	Example ตัวอย่าง
	20 บาทค่ะ Yêe-sìp bàat kâ Twenty baht. มีแบงก์ 20 มั้ย Mee báeng yêe-sìp mái Do you have twenty-baht note?

Part 6 Match the words to make correct sentences or phrases.
จับคู่ประโยคต่อเนื่อง

ราคา Raa-kaa	มั้ย Mái
ราคากี่ Raa-kaa gèe	เท่าไหร่ Tâo-rài
มีแบงก์พัน Mee báeng pan	ปี Bpee
คุณอายุ Kun aa-yú	500 บาท Hâa-rói bàat
สามีฉันอายุ 39 Sǎa-mee chǎn aa-yú sǎam-sìp-gâo	บาท Bàat

Part 7 Put these words in the correct order.
สลับคำให้เป็นประโยคที่ถูกต้อง

1.

1. คุณ / แฟน / เท่าไหร่ / อายุ / ครับ
Kun / faen / tâo-rài / aa-yú / kráp

....

2.

2. เท่าไหร่ / ราคา / คะ
Tâo-rài / raa-kaa / ká

....

3.

3. 399 / บาท / ราคา
Sǎam-rói-gâo-sìp-gâo / bàat / raa-kaa

....

4.

4. เหรียญ / 2 / ขอ / 5 / เหรียญ
Rǐian / sǒng / kǒr / hâa / rǐian

....

5.

5. มั้ย / 1,000 / แบงก์ / มี
Mái / pan / báeng / mee

....

Part 8 Homework Translate these sentences to Thai.

แปลประโยคต่อไปนี้เป็นภาษาไทย

1. How much is the price?

   ....

2. How old are you?

   ....

3. 1,300,000

   ....

4. 85,399

   ....

5. 101

   ....

Chapter 3

Part 1 Review chapter 2 : ทบทวนบทที่ 2

- Circle the word you hear from the teacher. วงคำที่ได้ยินจากผู้สอน
- Circle the word you know and say in Thai. วงคำที่รู้จักและพูดเป็นภาษาไทย
- Say sentences from these pictures. พูดประโยคจากรูปต่อไปนี้

Part 2 New Vocabulary : คำศัพท์ใหม่

Vocabulary คำศัพท์	Definition ความหมาย	Note เพิ่มเติม
 ชอบ Chôp	*Verb* (To) Like	
 ดื่ม Dèum	*Verb* (To) Drink	1. Dèum (ดื่ม) by itself can also mean to drink alcohol. 2. Thai people often used gin (กิน) instead of dèum (ดื่ม). E.g. Gin náam (กิน น้ำ) is to drink water.
 กิน Gin	*Verb* (To) Eat	
 อัน An	*Noun, Classifier* Piece	An (อัน) is a classifier for small objects such as toys and tools.
 นี้ / นี่ Née/Nêe	*DemonstrativePronoun* 1. This, these *Adjective* 2. This, these	1. Nêe with falling tone (นี่) is a pronoun and can be used on its own to refer to "this" as subject or object 2. Née with high tone (นี้) is an adjective and used in this structure : noun+classifier+nee to refer to "this subject or object"

Vocabulary คำศัพท์	Definition ความหมาย	Note เพิ่มเติม
 นั้น / นั่น Nán / Nân	*DemonstrativePronoun* 1. That, those *Adjective* 2. That, those	1. Nân with falling tone (นั่น) is a pronoun and can be used on its own to refer to "that" as subject or object. 2. Nán with high tone (นั้น) is an adjective and used in this structure. Noun+classifier+Nán to refer to "that subject or object"
 น้ำ Náam	*Noun* Water, liquid	
 ข้าว Kâao	*Noun* 1. Rice 2. Meal	
 ก๋วยเตี๋ยว Gǔuay-dtǐieow	*Noun* Noodles	
 เรียน Riian	*Verb* (To) Learn, (to) study	

Vocabulary คำศัพท์	Definition ความหมาย	Note เพิ่มเติม
 Language ภาษา Paa-sǎa	*Noun* Language	
 Thai ไทย Tai	*Noun, Adjective* Thai	Examples of how to use "tai" (ไทย) : Paa-sǎa tai (ภาษาไทย) is Thai language Kon tai (คนไทย) is Thai People Bprà-têt tai is Thai county or Thailand. (ประเทศไทย)
 ไม่ Mâi	*Adverb, Auxiliary* No, not	
 เอา Ao	*Verb* 1. (To) Want, (to) desire 2 .(To) Take, (to) bring	1. 'Ao' (เอา) is used to express a simple want; it is usually followed by a noun, e.g., 'ao an née' - want this one. 2. 'Yàak' (อยาก) is used to express a desire or intention to do something; it is typically followed by a verb, e.g., 'Yàak bpai brà-têt tai' - want to go to Thailand. 3. 'Dtông-gaan' (ต้องการ) is a polite word used to express a want, need, or desire. It can be followed by both a noun and a verb, e.g., 'Chǎn dtông-gaan kun' - I need you, 'chǎn dtông-gaan bpai sà-nǎam-bin' - I want to go to the airport.
 ใคร Krai	*Interrogative* Who	
 พี่ Pêe	*Noun* Older brother, older sister	

Vocabulary คำศัพท์	Definition ความหมาย	Note เพิ่มเติม
 น้อง Nóng	*Noun* Younger brother, younger sister	
 ครู Kroo	*Noun* Teacher	
And ; With กับ Gàp	*Preposition* 1.And 2.With	
 มาก Mâak	*Adverb* A lot, very, very much	1. ‘Mâak’ (มาก) means a lot/ very much in terms of degree. E.g. ‘Hǐw mâak’ (หิวมาก) means very hungry. ‘sǔay mâak’ (สวยมาก) means very beautiful. 2. ‘Yúh’ (เยอะ) means a lot in terms of amount. E.g. ‘Kon yúh’ (คนเยอะ) means many people.‘gin yúh’ (กินเยอะ) means to eat a lot

Part 3 Listen to the given sentences and circle the correct meaning in English. ฟังภาษาไทย ฝึกแปลเป็นภาษาอังกฤษ

Thai Sentence ประโยคภาษาไทย	Choice 1 ตัวเลือกที่ 1	Choice 2 ตัวเลือกที่ 2
คุณชอบกินอะไร Kun chôp gin à-rai	 What do you like to eat?	 What do you like to drink?
ผมชอบกินก๋วยเตี๋ยว Pǒm chôp gin gǔuay-dtǐieow	 I like to eat noodles.	 I like to eat rice.
คุณชอบกินก๋วยเตี๋ยวอะไร Kun chôp gin gǔuay-dtǐieow à-rai	 Do you like to eat noodles?	 What noodle do you like to eat?
อันนี้อะไร An née à-rai	 What is this?	 This is rice.

Thai Sentence ประโยคภาษาไทย	Choice 1 ตัวเลือกที่ 1	Choice 2 ตัวเลือกที่ 2
ดื่มน้ำมั้ย Deùm náam mái	 Do you (want to) drink water?	 Do you (want to) eat rice (meal)?
ผมกับพี่ชอบเรียนภาษาไทย Pǒm gàp pêe chôp riian paa-sǎa tai	 I and older brother/ older sister like to learn Thai language.	 Do you like to learn Thai language?
คุณเรียนภาษาอะไร Kun riian paa-sǎa à-rai	 What language does younger brother or sister learn?	 What language do you learn?
ฉันไม่เอาอันนั้น Chǎn mâi ao an nán	 I do not want that one.	 I do not like that one.
น้องชอบคุณครูมาก Nóng chôp kun kroo mâak	 Younger brother/sister likes teacher a lot	 Younger brother/sister likes mum a lot

Thai Sentence ประโยคภาษาไทย	Choice 1 ตัวเลือกที่ 1	Choice 2 ตัวเลือกที่ 2
ใครชอบ กินข้าว Krai chôp gin kâao	 What do you like to eat?	 Who likes to eat rice?

Part 4 Say Thai Sentences from the given pictures.
ฝึกพูดภาษาไทยจากรูปภาพ

Picture รูปภาพ	Thai transliteration คำอ่านภาษาไทย
	Krai chôp riian paa-sǎa tai

<table>
<tr><th>Picture รูปภาพ</th><th>Thai Transliteration คำอ่านภาษาไทย</th></tr>
<tr><td>
</td><td></td></tr>
<tr><td>
</td><td></td></tr>
<tr><td>
</td><td></td></tr>
<tr><td>
</td><td></td></tr>
<tr><td>
</td><td></td></tr>
<tr><td>
</td><td></td></tr>
</table>

Picture รูปภาพ	Thai Transliteration คำอ่านภาษาไทย

Part 5 Make Thai sentences from below picture.
ฝึกพูดภาษาไทยจากภาพต่อไปนี้

Culture Note:
(1) The word 'Kâao' (ข้าว) can be translated as 'rice' and 'meal.'
(2) Food eaten with rice is called 'gàp-kâao' (กับข้าว).

Your Sentence ประโยค	Example ตัวอย่าง
	คุณเอาอะไรครับ Kun ao à-rai kráp What would you like to have ?
	ผมเอาข้าวครับ Pŏm ao kâao kráp I want rice. (I will have rice.)

Your Sentence ประโยค	Example ตัวอย่าง
	ข้าวราคาเท่าไหร่ Kâao raa-kaa tâo-rài How much is the rice? ข้าวราคา 30 บาท Kâao raa-kaa sǎam-sìp bàat The rice is 30 baht.

Part 6 Make sentences using these words.
แต่งประโยคจากคำที่กำหนด

1. ภาษา (Paa-sǎa)
....

2. ใคร (Krai)
....

3. เอา (Ao)
....

4. อันนี้ (An née)
....

5. ครู (Kroo)
....

Part 7 Match Thai sentences with their correct English translation.
จับคู่ประโยคภาษาไทยให้ตรงกับความหมายภาษาอังกฤษ

แฟนผมไม่ชอบอันนั้น Faen pǒm mâi chôp an nán	Who likes to eat noodles?
ใครชอบกินก๋วยเตี๋ยว Krai chôp gin gǔuay-dtǐieow	Younger brother/sister does not like to eat rice.
พ่อชอบดื่มน้ำอะไร Pôr chôp dèum náam à-rai	Do you study Thai language?
คุณเรียนภาษาไทยมั้ย Kun riian paa-sǎa tai mái	What drink does dad like to drink?
น้องไม่ชอบกินข้าว Nóng mâi chôp gin kâao	My partner does not like that one.

Part 8 Homework Match the words to complete sentences.
จับคู่ประโยคต่อเนื่อง

ข้าวราคา Kâao raa-kaa	ภาษาไทย Paa-sǎa tai
คุณกินข้าว Kun gin kâao	บาท Bàat
พี่กับน้องเรียน Pêe gàp nóng riian	เท่าไหร่ Tâo-rài
น้ำราคากี่ Náam raa-kaa gèe	กับใคร Gàp krai
ฉันชอบอันนี้ Chǎn chôp an née	มาก Mâak

Chapter 4

Part 1 Review chapter 3 : ทบทวนบทที่ 3

- Circle the word you hear from the teacher. วงคำที่ได้ยินจากผู้สอน
- Circle the word you know and say in Thai. วงคำที่รู้จักและพูดเป็นภาษาไทย
- Say sentences from these pictures. พูดประโยคจากรูปต่อไปนี้

Part 2 New Vocabulary : คำศัพท์ใหม่

Vocabulary คำศัพท์	Definition ความหมาย	Note เพิ่มเติม
 ใช่ Chåi	*Interjection* Yes	
 ก็ Gôr	*Adverb* 1. Also *Conjunction* 2. Then, so	
 และ Láe	*Conjunction* And	
 พวก Pûuak	*Classifier* Group	
 เขา Kǎo	*Personal Pronoun* He, him	

Vocabulary คำศัพท์	Definition ความหมาย	Note เพิ่มเติม
 เธอ Ter	*Personal Pronoun* She, her	
 เรา Rao	*Personal Pronoun* We, us	
 เสื้อผ้า Sêuua-pâa	*Noun* Clothes	
 ผัก Pàk	*Noun* Vegetable	
 ผลไม้ Pǒn-lá-mái	*Noun* Fruit	

Vocabulary คำศัพท์	Definition ความหมาย	Note เพิ่มเติม
 สัตว์เลี้ยง Sàat-líiang	*Noun* Pet	
 เครื่องดื่ม Krêuuang-dèum	*Noun* Drink, beverage	
 แก้ว Gâew	*Noun, Classifier* Glass	
 ขนม Kà-nǒm	*Noun* Snack	
 คน Kon	*Noun, Classifier* Person, people *Verb* (To) Stir, (to) mix	
 ชิ้น Chín	*Classifier* Piece	Chín (ชิ้น) is a classifier for a piece of something (especially : cloth and food).

Vocabulary คำศัพท์	Definition ความหมาย	Note เพิ่มเติม
 ตัว Dtuua	*Noun, Classifier* Body	Dtuua (ตัว) is a classifier for animals and things (especially: things with arms or legs : table chair shirt pants).
 จาน Jaan	*Noun, Classifier* Plate, dish	
 ชาม Chaam	*Noun, Classifier* Bowl	
 ถ้วย Tûuay	*Noun, Classifier* Cup, bowl	

Part 3 Listen to the given sentences and circle the correct meaning in English. ฟังภาษาไทย ฝึกแปลเป็นภาษาอังกฤษ

Thai Sentence ประโยคภาษาไทย	Choice 1 ตัวเลือกที่ 1	Choice 2 ตัวเลือกที่ 2
ขนม 1 ชิ้น Kà-nǒm nèung chín	 A piece of snack	 A piece of fruit
สัตว์เลี้ยง 1 ตัว Sàat-lîiang nèung dtuua	 One pet	 One clothes
คุณชอบเครื่องดื่มอะไร Kun chôp krêuuang-dèum à-rai	 What drink do you like?	 What pet do you like?
น้ำผลไม้กี่แก้ว Náam pǒn-lá-mái gèe gâew	 How many glasses of fruit juice?	 How many glasses of vegetable juice?

Thai Sentence ประโยคภาษาไทย	Choice 1 ตัวเลือกที่ 1	Choice 2 ตัวเลือกที่ 2
เขาชอบผัก และผลไม้มั้ย Kǎo chôp pàk láe pǒn-lá-mái mái	 He does not like vegetables and fruits.	 Does he like vegetables and fruits?
พวกเรา เอาก๋วยเตี๋ยว 3 ชาม Pûuak rao ao gǔuay-dtǐieow sǎam chaam	 We take 3 pieces of snacks.	 We take 3 bowls of noodles.
พวกเขาก็เอา ก๋วยเตี๋ยว 3 ชาม Pûuak kǎo gôr ao gǔuay-dtǐieow sǎam chaam	 They also take 3 bowls of noodles.	 They take 3 pieces of fruit(s).
อันนี้ถ้วยอะไร An née tûuay à-rai	 What is this bowl (for)?	 What is this glass (for)?
นี่เสื้อผ้าเธอ ใช่มั้ย Nêe sêuua-pâa ter châi mái	 These are not her clothes.	 Are these her clothes?

Thai Sentence ประโยคภาษาไทย	Choice 1 ตัวเลือกที่ 1	Choice 2 ตัวเลือกที่ 2
เธอมีพี่น้องกี่คน Ter mee pêe nóng gèe kon	 *How many siblings does she have?*	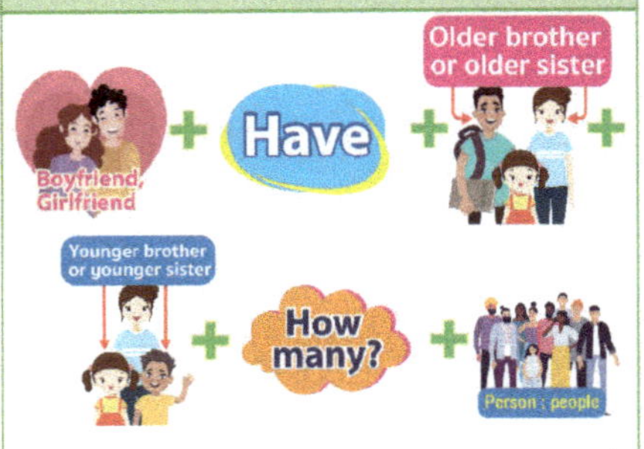 *How many siblings does your partner have?*

Part 4 Say Thai Sentences from the given pictures.
ฝึกพูดภาษาไทยจากรูปภาพ

Picture รูปภาพ	Thai Transliteration คำอ่านภาษาไทย
	Pûuak kun mee sàat-líiang mái

Picture รูปภาพ	Thai Transliteration คำอ่านภาษาไทย

Part 5 Make Thai sentences from below picture.
ฝึกพูดภาษาไทยจากภาพต่อไปนี้

Culture note

Thai language does not distinguish between single and plural forms.
The use of a classifier converts a word to plural.
To make any noun plural, just add number and classifier word after it.
For example, Thais do not say three cats or 'sǎam maew', but Thais do 'maew sǎam dtuua instead ('dtuua' is a classifier for animals).

Your Sentence ประโยค	Example ตัวอย่าง
	อันนั้นน้ำอะไร An nán náam à-rai What is that drink? อันนี้น้ำผลไม้ An née náam pǒn-lá-mái This is fruit juice.

Your Sentence ประโยค	Example ตัวอย่าง
	ฉันเอา 1 แก้วค่ะ Chǎn ao nèung gâew kâ I take one glass. (I would like to have one glass.) 1 แก้วราคา 28 บาท Nèung gâew raa-kaa yêe-sìp-bpàet-bàat One glass (of fruit juice) costs 28 baht.

Part 6 Put these words in correct order.
สลับคำให้เป็นประโยคที่ถูกต้อง

1. แฟน / อะไร / ชอบ / คุณ / เครื่องดื่ม
Faen / à-rai / chôp / kun / krêuuang-dèum
....

2. เท่าไหร่ / ผลไม้ / ผัก / และ / ราคา
Tâo-rài / pǒn-lá-mái / pàk / láe / raa-kaa
....

3. มี / คุณ / เสื้อผ้า / กี่ / ตัว
Mee / kun / sêuua-pâa / gèe / dtuua
....

4. 6 / ชิ้น / จาน / นี้ / ขนม / มี
Hòk/ chín/ jaan/ née/ kà-nǒm/ mee
....

5. คน / นั้น / อะไร / กิน
Kon / nán / à-rai / gin
....

Part 7 Translate these sentences to Thai.
แปลประโยคต่อไปนี้เป็นภาษาไทย

1. They do not have pet.

   ....

2. My wife likes clothes a lot.

   ....

3. What drink do you like?

   ....

4. We want 1 bowl of noodles and 1 plate of rice.

   ....

5. My younger brother/sister has 2 pets.

   ....

Part 8 Homework Make sentences using these words.
แต่งประโยคจากคำที่กำหนด

1. ใช่ (Châi) : ....
....

2. เธอ (Ter) : ....
....

3. ตัว (Dtuua) : ....
....

4. คน (Kon) : ....
....

5. ผลไม้ (Pǒn-lá-mái) : ....
....

Chapter 5

Part 1 Review chapter 4 : ทบทวนบทที่ 4

- Circle the word you hear from the teacher. วงคำที่ได้ยินจากผู้สอน
- Circle the word you know and say in Thai. วงคำที่รู้จักและพูดเป็นภาษาไทย
- Say sentences from these pictures. พูดประโยคจากรูปต่อไปนี้

Part 2 New Vocabulary : คำศัพท์ใหม่

Vocabulary คำศัพท์	Definition ความหมาย	Note เพิ่มเติม
 ได้ Dâai	*Secondary Verb* Can	
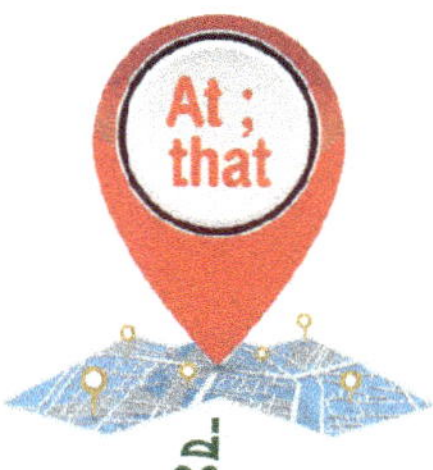 ที่ Têe	*Preposition* 1. At, to *Relative Pronoun* 2. That, which, who	
 ไหน Năi	*Interrogative* Where, which	
 อยู่ Yòo	*Verb* 1. (To) Be (at) 2. (To) Stay	
 ไป Bpai	*Verb* (To) Go	

Vocabulary คำศัพท์	Definition ความหมาย	Note เพิ่มเติม
 มา Maa	*Verb* (To) Come	
 จาก Jàak	*Preposition* From	
 บ้าน Bâan	*Noun* Home, house	
 ประเทศ Bprà-têt	*Noun* Country	
 ร้านอาหาร Ráan-aa-hǎan	*Noun* Restaurant	

Vocabulary คำศัพท์	Definition ความหมาย	Note เพิ่มเติม
 ร้านค้า Ráan-káa	*Noun* Store, shop	
 โรงพยาบาล Rohng-pá-yaa-baan	*Noun* Hospital	
 สถานี Sà-tǎa-nee	*Noun* Station	
 รถไฟ Rót-fai	*Noun* Train	
 สนามบิน Sà-nǎam-bin	*Noun* Airport	
 ตลาด Dtà-làat	*Noun* Market	

Vocabulary คำศัพท์	Definition ความหมาย	Note เพิ่มเติม
 โรงแรม Rohng-raem	*Noun* Hotel	
 ของ Kǒng	*Preposition* 1. Of *Noun* 2. Thing	
 ซื้อ Séu	*Verb* (To) Buy	
 ขาย Kǎai	*Verb* (To) Sell	

Part 3 Listen to the given sentences and circle the correct meaning in English. ฟังภาษาไทย ฝึกแปลเป็นภาษาอังกฤษ

Thai Sentence ประโยคภาษาไทย	Choice 1 ตัวเลือกที่ 1	Choice 2 ตัวเลือกที่ 2
โรงพยาบาลอยู่ที่ไหน Rohng-pá-yaa-baan yòo têe-nǎi	 Where is the hospital?	 Where is the restaurant?
ตลาดอยู่ที่นี่ Dtà-làat yòo têe nêe	 The market is here.	 The shop is there.
สนามบินมีร้านค้ากับร้านอาหาร Sà-nǎam-bin mee ráan-káa gàp ráan-aa-hǎan	 The hospital has shop(s) and restaurant(s).	 The airport has shop(s) and restaurant(s).

Thai Sentence ประโยคภาษาไทย	Choice 1 ตัวเลือกที่ 1	Choice 2 ตัวเลือกที่ 2
บ้านคุณอยู่ที่สถานีรถไฟอะไร Bâan kun yòo têe sà-tǎa-nee rót-fai à-rai	Home + You (Mr ; Mrs ; Miss ; Ms) + To be at + At ; that + STATION + Train + What *Which train station is your home?* *(Which train station is closest to your home?)*	Market + To be at + At ; that + STATION + Train + What *Which train station is the market?* *(Which train station is closest to the market?)*
คุณมาจากประเทศอะไร Kun maa jàak bprà-têt à-rai	You (Mr ; Mrs ; Miss ; Ms) + Go + Country + What *What country do you go?*	You (Mr ; Mrs ; Miss ; Ms) + Come + From + Country + What *What country do you come from?*
โรงแรมของคุณชื่ออะไร Rohng-raem kǒng kun chêu à-rai	HOTEL + Of ; thing + You (Mr ; Mrs ; Miss ; Ms) + Name + What *What is your hotel's name?*	Friend + Of ; thing + You (Mr ; Mrs ; Miss ; Ms) + Name + What *What is your friend's name?*
ที่โรงแรมไม่มีร้านค้า Têe rohng-raem mâi mee ráan-káa	At ; that + HOTEL + NO + Have + Store *At the hotel, there are no shops.*	At ; that + HOTEL + Have + Store + Yes or no? *At the hotel, are there any shops?*

<table>
<tr><th>Thai Sentence
ประโยคภาษาไทย</th><th>Choice 1
ตัวเลือกที่ 1</th><th>Choice 2
ตัวเลือกที่ 2</th></tr>
<tr><td>พวกเราไปบ้าน
ของคุณได้มั้ย
Pu̒uak rao bpai
bâan kǒng kun
dâai mái</td><td>

Can (a group of) you go to my house ?</td><td>

Can we go to your house?</td></tr>
<tr><td>แฟนของคุณ
ซื้อเสื้อผ้าที่ไหน
Faen kǒng kun
séu sêuua-pâa
têe nǎi</td><td>

My wife likes to buy clothes here.</td><td>

Where does your partner buy clothes?</td></tr>
<tr><td>แม่ของครู
ขายของ
ที่ตลาด
Mâe kǒng kroo
kǎai kǒng
têe dtà-làat</td><td>

Teacher's mum sells things at the market.</td><td>

Teacher's mum buys things at the market.</td></tr>
</table>

Part 4 Say Thai Sentences from the given pictures.
ฝึกพูดภาษาไทยจากรูปภาพ

<table>
<tr><th>Picture รูปภาพ</th><th>Thai Transliteration คำอ่านภาษาไทย</th></tr>
<tr><td>
</td><td>Sà-tǎa-nee rót-fai
mee ráan-aa-hǎan</td></tr>
<tr><td>
</td><td></td></tr>
<tr><td>
</td><td></td></tr>
<tr><td>
</td><td></td></tr>
</table>

<table>
<tr><th>Picture รูปภาพ</th><th>Thai Transliteration คำอ่านภาษาไทย</th></tr>
<tr><td>
</td><td></td></tr>
<tr><td>
</td><td></td></tr>
<tr><td>
</td><td></td></tr>
<tr><td>
</td><td></td></tr>
<tr><td>
</td><td></td></tr>
<tr><td>
</td><td></td></tr>
</table>

Part 5 Make Thai sentences from below picture.
ฝึกพูดภาษาไทยจากภาพต่อไปนี้

Your Sentence ประโยค	Example ตัวอย่าง
	คุณมาจากประเทศไหน Kun maa jàak bprà-têt nǎi Which country are you from? คุณมาจากประเทศอะไร Kun maa jàak bprà-têt à-rai What country are you from?

Your Sentence ประโยค	Example ตัวอย่าง
	ผมมาจากประเทศออสเตรเลีย Pǒm maa jàak bprà-têt ót-dtray-liia I am from Australia. โรงแรมของคุณอยู่ที่ไหน Rohng-raem kǒng kun yòo têe nǎi Where is your hotel? โรงแรมของผมอยู่ที่ สถานีสุขุมวิท Rohng-raem kǒng pǒm yòo têe sà-tǎa-nee Sù-kǔm-wít My hotel is at Sukhumvit station.

Part 6 Put these words in correct order.
สลับคำให้เป็นประโยคที่ถูกต้อง

1. ของ / เพื่อน / ไหน / คุณ / คน
   Kǒng / pêuuan / nǎi / kun / kon

   ....

2. ของ / คุณ / สามี / ไป / ไหน
   Kǒng / kun / sǎa-mee / bpai / nǎi

   ....

3. ผม / ของ / ไป / เพื่อน / ตลาดน้ำ
   Pǒm / kǒng / bpai / pêuuan / dtà-làat náam

   ....

4. ซื้อ / บ้าน / ผม / ที่ / นี่ / มั้ย / ได้
   Séu / bâan / pǒm / têe / nêe / mái / dâai

   ....

5. มี / ที่ / ผลไม้ / โรงพยาบาล / ขาย
   Mee / têe / pǒn-lá-mái / rohng-pá-yaa-baan / kǎai

   ....

Part 7 Make sentences using these words.
แต่งประโยคจากคำที่กำหนด

1. ประเทศ (Bprà-têt) : ....

....

2. ของ (Kǒng) : ....

....

3. ได้ (Dâai) : ....

....

4. มา (Maa) : ....

....

5. ไหน (Nǎi) : ....

....

Part 8 Homework Translate these sentences to Thai.
แปลประโยคต่อไปนี้เป็นภาษาไทย

1. My wife likes to buy clothes in Thailand.
....

2. My hotel does not have restaurants.
....

3. Which country are they from?
....

4. Where did you buy this one from?
....

5. They sell fruit juice at the restaurant.
....

Chapter 6

Part 1 Review chapter 5 : ทบทวนบทที่ 5

- Circle the word you hear from the teacher. วงคำที่ได้ยินจากผู้สอน
- Circle the word you know and say in Thai. วงคำที่รู้จักและพูดเป็นภาษาไทย
- Say sentences from these pictures. พูดประโยคจากรูปต่อไปนี้

Part 2 New Vocabulary : คำศัพท์ใหม่

Vocabulary คำศัพท์	Definition ความหมาย	Note เพิ่มเติม
To be (status) เป็น Bben	*Verb* 1. To be (for status) *Secondary Verb* 2. Can	
 อย่างไร / ยังไง Yàang-rai / Yang-ngai	*Interrogative* How	
 ดี Dee	*Stative Verb, Adjective* (To be) Good	
 ใหญ่ Yài	*Stative Verb, Adjective* (To be) Big	
 เล็ก Lék	*Stative Verb, Adjective* (To be) Small	

Vocabulary คำศัพท์	Definition ความหมาย	Note เพิ่มเติม
 Delicious อร่อย À-ròi	*Stative Verb, Adjective* (To be) Delicious	
 Hot ร้อน Rón	*Stative Verb, Adjective* (To be) Hot	
 Cold ; cool เย็น Yen	*Stative Verb, Adjective* 1. (To be) Cold, (to be) cool *Stative Verb, Adjective* 2. Evening	Yen (เย็น) is low temperature, yet comfortable feeling. It also can be used to describe tangible objects. E.g. "cold water" as "náam yen"
 Cold หนาว Nǎao	*Stative Verb, Adjective* (To be) Cold	Nǎao (หนาว) is low temperature, usually uncomfortable feeling. It also can be used to describe intangible objects. E.g. "cold season" as "nâa-nǎao"
 Happy ดีใจ Dee-jai	*Stative Verb, Adjective* (To be) Happy	

Vocabulary คำศัพท์	Definition ความหมาย	Note เพิ่มเติม
 เสียใจ Sǐa-jai	*Stative Verb, Adjective* 1. (To be) Sad 2. (To be) Sorry	
 สวย Sǔuay	*Stative Verb, Adjective* (To be) Beautiful	
 หล่อ Lòr	*Stative Verb, Adjective* (To be) Handsome	
 น่ารัก Nâa-rák	*Stative Verb, Adjective* 1. (To be) Cute 2. (To be) Lovely	
Too much เกินไป Gern bpai	*Adverb* Too much	
Already แล้ว Láew	*Adverb* 1. Already *Conjunction* 2. Then	

Vocabulary คำศัพท์	Definition ความหมาย	Note เพิ่มเติม
What about … ? แล้ว …. ล่ะ Láew …. là	*Interrogative* What about … ?	
But แต่ Dtàe	*Conjunction* But	
Ever เคย Koiie	*Adverb, Auxiliary* Ever	
 ทำไม Tam-mai	*Interrogative* Why	

Part 3 Listen to the given sentences and circle the correct meaning in English. ฟังภาษาไทย ฝึกแปลเป็นภาษาอังกฤษ

Thai Sentence ประโยคภาษาไทย	Choice 1 ตัวเลือกที่ 1	Choice 2 ตัวเลือกที่ 2
ข้าวจานนี้ อร่อยมั้ย Kâao jaan née à-ròi mái	 *Is this (rice) dish delicious?*	 *This (rice) dish is very delicious.*
ก๋วยเตี๋ยว ชามใหญ่เกินไป Gǔuay-dtǐieow chaam yài gern-bpai	 *The bowl of noodles is too big.*	 *The bowl of noodles is too small.*
ข้าวเย็นแล้ว ไม่อร่อย Kâao yen láew mâi à-ròi	 *The rice (meal) is cold already. It's not delicious.*	 *Hot nooles are very delicious.*
พี่หนาว น้องร้อน แล้วแม่ล่ะ Pêe nǎao nóng rón láew mâe là	 *Dad is cold. Mum is hot. What about teacher?*	 *Older brother /sister is cold. Younger brother/ sister is hot. What about mum?*

Thai Sentence ประโยคภาษาไทย	Choice 1 ตัวเลือกที่ 1	Choice 2 ตัวเลือกที่ 2
เธอเป็นคนยังไง Ter bpen kon yang-ngai	 How does she like people? (What kind of people does she like?)	 How is she like? (What is she like?)
เธอเป็นคนน่ารัก Ter bpen kon nâa-rák	 She is a lovely person.	 She likes lovely person/people.
เขาดีใจแต่เธอเสียใจ Kǎo dee-jai dtàe ter sǐia-jai	 She is happy but he is sad.	 He is happy but she is sad.
เขาก็หล่อ เธอก็สวย Kǎo gôr lòr Ter gôr sǔuay	 He is also handsome. She is also beautiful.	 The rice (meal) is also delicious. The noodles are also delicious.

Thai Sentence ประโยคภาษาไทย	Choice 1 ตัวเลือกที่ 1	Choice 2 ตัวเลือกที่ 2
คุณเคยซื้อ เสื้อผ้าเล็ก เกินไปมั้ย Kun koiie séu sʉ̂ua-pâa lék gern-bpai mái	 I have bought too small (size of) clothes.	 Have you ever bought too small clothes?
ประเทศ ของคุณ ร้อนมั้ย Bprà-têt kǒng kun rón mái	 Is your country hot?	 My country is too hot.

Part 4 Say Thai Sentences from the given pictures.
ฝึกพูดภาษาไทยจากรูปภาพ

Picture รูปภาพ	Thai Transliteration คำอ่านภาษาไทย
	Pǒm sǐia-jai kráp

Picture รูปภาพ	Thai Transliteration คำอ่านภาษาไทย

Part 5 Make Thai sentences from below picture.
ฝึกพูดภาษาไทยจากภาพต่อไปนี้

The word 'kâao yen' can be translated as 'cold rice'. However, Thais mostly refer 'kâao yen' to dinner which is the meal (kâao) that arranged in the evening (yen)

Your Sentence ประโยค	Example ตัวอย่าง
	ประเทศของคุณเป็นยังไง Bprà-têt kǒng kun bpen yang-ngai What is your country like? ประเทศของฉันหนาวมาก Bprà-têt kǒng chǎn nǎao mâak My country is very cold.

Your Sentence ประโยค	Example ตัวอย่าง
	แล้วประเทศของคุณล่ะ Láew bprà-têt kǒng kun là What about your country? คุณเคยไปประเทศของฉันมั้ย Kun koiie bpai bprà-têt kǒng chǎn mái Have you ever been to my country?

Part 6 Match Thai sentences with correct English meanings.
จับคู่ประโยคภาษาไทยให้ตรงกับความหมายภาษาอังกฤษ

ที่โรงแรมหนาวเกินไป Têe rohng-raem nǎao gern-bpai	At the hospital, it is also too hot.
คุณเคยซื้อของที่สนามบินมั้ย Kun koiie séu kǒng têe sà-nǎam-bin mái	1. The small pet is cute. 2. The pet is small and cute.
สัตว์เลี้ยงตัวเล็กน่ารัก Sàt-líiang dtuua lék nâa-rák	Have you ever bought anything at the airport?
ที่โรงพยาบาลก็ร้อนเกินไป Têe rohng-pá-yaa-baan gôr rón gern-bpai	My husband is very handsome.
สามีของฉันหล่อมาก Sǎa-mee kǒng chǎn lòr mâak	At the hotel, it is too cold.

Part 7 Make sentences using these words.
แต่งประโยคจากคำที่กำหนด

1. ดี (Dee) : ....
....

2. ทำไม (Tam-mai) : ....
....

3. เกินไป (Gern-bpai) : ....
....

4. แล้ว..ล่ะ (Láew ... là) : ....
....

5. แต่ (Dtàe) : ....
....

TSLTK
THAI AS SECOND LANGUAGE TEACHING KIT

Part 8 Homework Match the words to make correct sentences.

จับคู่ประโยคต่อเนื่อง

ผมดีใจที่คุณ Pǒm dee-jai têe kun	คุณร้อน Kun rón
ผมหนาวแต่ทำไม Pǒm nǎao dtàe tam-mai	สวยมาก Sǔuay mâak
ขนมอร่อยแต่ชิ้นเล็ก Kà-nǒm à-ròi dtàe chín lék	ตัวใหญ่มั้ย Dtuua yài mái
แฟนของผม Faen kǒng pǒm	ชอบที่นี่ Chôp têe nêe
สัตว์เลี้ยงของคุณ Sàt-líiang kǒng kun	เกินไป Gern bpai

Chapter 7

Part 1 Review chapter 6 : ทบทวนบทที่ 6

- Circle the word you hear from the teacher. วงคำที่ได้ยินจากผู้สอน
- Circle the word you know and say in Thai. วงคำที่รู้จักและพูดเป็นภาษาไทย
- Say sentences from these pictures. พูดประโยคจากรูปต่อไปนี้

Part 2 New Vocabulary : คำศัพท์ใหม่

Vocabulary คำศัพท์	Definition ความหมาย	Note เพิ่มเติม
 วันนี้ Wan-née	*Noun* Today	
 พรุ่งนี้ Prûng-née	*Noun* Tomorrow	
 เมื่อวาน Mêuua-waan	*Noun* Yesterday	
 ตอนเช้า Dton-cháo	*Noun* Morning	
 ตอนบ่าย Dton-bàai	*Noun* Afternoon	

Vocabulary คำศัพท์	Definition ความหมาย	Note เพิ่มเติม
 ตอนเย็น Dton-yen	*Noun* Evening	
 ตอนนี้ Dton-née	*Adverb* Now	
 ทีหลัง Tee-lǎng	*Adverb* Later	
 เวลา Way-laa	*Noun* Time	
 โมง Mohng	*Noun* O'clock	

Vocabulary คำศัพท์	Definition ความหมาย	Note เพิ่มเติม
 ชั่วโมง Chûua-mohng	*Noun, Classifier* Hour	
 นาที Naa-tee	*Noun, Classifier* Minute	
 วัน Wan	*Noun, Classifier* Day	
 สัปดาห์ Sàp-daa	*Noun, Classifier* Week	
 เดือน Deuuan	*Noun, Classifier* Month	
 รอ Ror	*Verb* (To) Wait	

Vocabulary คำศัพท์	Definition ความหมาย	Note เพิ่มเติม
Every ทุก ๆ Túk-túk	*Quantifier* Every	
All ทั้งหมด Táng-mòt	*Adverb* All	
 รู้จัก Róo-jàk	*Verb* (To) Know (someone or something)	
 เมื่อไร / เมื่อไหร่ Mêuua-rai / Mêuua-rài	*Interrogative* When	

Part 3 Listen to the given sentences and circle the correct meaning in English. ฟังภาษาไทย ฝึกแปลเป็นภาษาอังกฤษ

Thai Sentence ประโยคภาษาไทย	Choice 1 ตัวเลือกที่ 1	Choice 2 ตัวเลือกที่ 2
วันนี้ตอนบ่าย คุณมีเรียนมั้ย Wan-née dton-bàai kun mee riian mái	 Do you have class today afternoon?	 Do you have class tomorrow evening?
พวกเราทั้งหมด ไม่อยู่บ้าน Pûuak rao táng-mòt mâi yòo bâan	 We all are not home.	 We are at the hotel.
ผมไป โรงพยาบาล พรุ่งนี้ตอนเช้า Pǒm bpai rohng-pá-yaa-baan prûng-née dton-cháo	 I (will) go to the market tomorrow morning.	 I (will) go to the hospital tomorrow morning.

<table>
<tr><th>Thai Sentence
ประโยคภาษาไทย</th><th>Choice 1
ตัวเลือกที่ 1</th><th>Choice 2
ตัวเลือกที่ 2</th></tr>
<tr><td>เมื่อวาน
ตอนเย็น
เขามาที่นี่
Mêuua-waan
dton-yen kǎo
maa têe nêe</td><td>

He came here yesterday evening.</td><td>

Where did he go yesterday evening?</td></tr>
<tr><td>กินข้าวตอนนี้
กินขนมทีหลัง
Gin kâao dton-née
Gin kà-nǒm tee-lǎng</td><td>

Eat snack(s) now. Eat rice (meal) later.</td><td>

Eat rice (meal) now. Eat snack(s) later.</td></tr>
<tr><td>ครูมา
เวลา 9 โมง
30 นาที
Kroo maa way-laa
gâo mohng
sǎam-sìp naa-tee</td><td>

The teacher comes at 9.30 (a.m.)</td><td>

Who comes at 9.30 (a.m.)?</td></tr>
<tr><td>ผมเรียน
ภาษาไทย
1 ชั่วโมง
Pǒm riian paa-sǎa tai
nèung chûua-mohng</td><td>

Who learns Thai language (for) 2 hours?</td><td>

I learn Thai language (for) 1 hour.</td></tr>
</table>

<table>
<tr><th>Thai Sentence
ประโยคภาษาไทย</th><th>Choice 1
ตัวเลือกที่ 1</th><th>Choice 2
ตัวเลือกที่ 2</th></tr>
<tr><td>เดือนไหน
มี 31 วัน
Deuuan nǎi
mee sǎam-sìp-èt
wan</td><td>

Which month has 31 days?</td><td>

Which month do you go to Thailand?</td></tr>
<tr><td>ผมรอเธอที่นี่
ทุก ๆ สัปดาห์
Pǒm ror ter têe nêe
túk-túk sàp-daa</td><td>

I wait for her here every week.</td><td>

Can you wait for me for 2 weeks?</td></tr>
<tr><td>คุณรู้จักเธอ
เมื่อไหร่
Kun róo-jàk ter
mêuua-rài</td><td>

I know her (when I was) in Thailand.</td><td>

When did you know her?</td></tr>
</table>

Part 4 Say Thai Sentences from the given pictures.
ฝึกพูดภาษาไทยจากรูปภาพ

Picture รูปภาพ	Thai Transliteration คำอ่านภาษาไทย
	Pûuak kǎo bpai sà-nǎam-bin wan nǎi

Picture รูปภาพ	Thai Transliteration คำอ่านภาษาไทย

Part 5 Make Thai sentences from below picture.
ฝึกพูดภาษาไทยจากภาพต่อไปนี้

Culture note

Thai verbs are not conjugated to indicate tenses. Instead, we add indicative words which can be placed either at the beginning, middle or ending of the sentence.

Your Sentence ประโยค	Example ตัวอย่าง
	คุณรู้จักตลาดน้ำมั้ย Kun róo-jàk dtà-làat náam mái Do you know floating market? รู้จักครับ เมื่อวานผมไปมาแล้ว Róo-jàk kráp Mêuua-waan pǒm bpai maa láew I know. I went (to floating market) yesterday.

Your Sentence ประโยค	Example ตัวอย่าง
	คุณไปกี่โมง Kun bpai gèe mohng What time did you go? ไป 8 โมง ตอนเช้า Bpai bpàet mohng Dton-cháo I went at 8 in the morning.

Part 6 Put these words in correct order.
สลับคำให้เป็นประโยคที่ถูกต้อง

1. มา / 1 / ชั่วโมง / ผม / แฟน / แล้ว / รอ
Maa / nèung / chûua-mohng / pǒm / faen / láew / ror

....

2. ตอนเย็น / ดี / วันนี้ / กิน / อะไร
Dton-yen / dee / wan-née / gin / à-rai

....

3. เมื่อไหร่ / เรียน / คุณ / ภาษา / ไทย
Mêuua-rài / riian / kun / paa-sǎa / tai

....

4. ของ / ผม / พวก / เป็น / เพื่อน / เขา / ทั้งหมด
Kǒng / pǒm / pûuak / bpen / pêuuan / kǎo / táng-mòt

....

5. กี่ / แล้ว / โมง
Gèe / láew / mohng

....

Level 1

Level 1

Part 7 Translate these sentences to Thai.
แปลประโยคต่อไปนี้เป็นภาษาไทย

1. How many days are there in a month?

....

2. Everyone likes fruits and vegetables.

....

3. Wait a minute.

....

4. Do you know the name of this dish?

....

5. Whom do you have dinner with today?

....

Part 8 Homework Match the words to make complete sentences.
จับคู่ประโยคต่อเนื่อง

ทุก ๆ คนชอบกิน Túk-túk kon chôp gin	สัปดาห์ Sàp-daa
ตอนเช้าวันนี้ Dton-cháo wan-née	หนาวมาก Nǎao mâak
วันนี้คุณ Wan-née kun	ได้มั้ย Dâai mái
พรุ่งนี้คุณรอผมที่โรงแรม Prûng-née kun ror pǒm têe rohng-raem	สวยมาก Sǔuay mâak
หนึ่งปีมี 52 Nèung bpee mee hâa-sìp-sǒng	ก๋วยเตี๋ยว Gǔuay-dtǐieow

Chapter 8

Part 1 Review chapter 7 : ทบทวนบทที่ 7

- Circle the word you hear from the teacher. วงคำที่ได้ยินจากผู้สอน
- Circle the word you know and say in Thai. วงคำที่รู้จักและพูดเป็นภาษาไทย
- Say sentences from these pictures. พูดประโยคจากรูปต่อไปนี้

Part 2 New Vocabulary : คำศัพท์ใหม่

Vocabulary คำศัพท์	Definition ความหมาย	Note เพิ่มเติม
 เห็น Hěn	*Verb* (To) See	
 มอง Mong	*Verb* (To) Look	
 ดู Doo	*Verb* 1. (To) Watch 2. (To) Seem	
 ฟัง Fang	*Verb* (To) Listen	
 พูด Pôot	*Verb* (To) Speak, (to) talk, (to) say	

Vocabulary คำศัพท์	Definition ความหมาย	Note เพิ่มเติม
 อ่าน Aan	*Verb* (To) Read	
 เขียน Kȟian	*Verb* (To) Write	
 หนังสือ Nǎng-sěu	*Noun* Book	
 เพลง Pleng	*Noun* Song	
 หนัง Nǎng	*Noun* 1. Movie 2. Skin	

Vocabulary คำศัพท์	Definition ความหมาย	Note เพิ่มเติม
 นั่ง Nâng	*Verb* (To) Sit	
 เล่น Lên	*Verb* (To) Play	
 นอน Non	*Verb* (To) Sleep	
 เปิด Bpèrt	*Verb* 1. (To) Open 2. (To) Switch on	
 ปิด Bpìt	*Verb* 1. (To) Close 2. (To) Switch off	
 ทำงาน Tam-ngaan	*Verb* (To) Work	

Vocabulary คำศัพท์	Definition ความหมาย	Note เพิ่มเติม
 หยุด Yùt	*Verb* (To) Stop	
 เดิน Dern	*Verb* (To) Walk	
 วิ่ง Wîng	*Verb* (To) Run	
 กีฬา Gee-laa	*Noun* Sport	

Part 3 Listen to the given sentences and circle the correct meaning in English. ฟังภาษาไทย ฝึกแปลเป็นภาษาอังกฤษ

Thai Sentence ประโยคภาษาไทย	Choice 1 ตัวเลือกที่ 1	Choice 2 ตัวเลือกที่ 2
แฟนของผม นั่งฟังเพลง Faen kǒng pǒm nâng fang pleng	 My partner sits and listens to music.	 My mum sits and reads a book.
ผมอ่านหนังสือภาษาไทยได้ Pǒm àan nǎng-sěu paa-sǎa tai dâai	 I can read Thai book.	 Can you read Thai book?
วันหยุดนี้ ผมเล่นกีฬากับเพื่อน Wan yùt née Pǒm lên gee-laa gàp pêuuan	 What do you like to do on holidays?	 On this holiday, I play sport(s) with friend(s).

Thai Sentence ประโยคภาษาไทย	Choice 1 ตัวเลือกที่ 1	Choice 2 ตัวเลือกที่ 2
ผมชอบเดิน แต่เธอชอบวิ่ง Pǒm chôp dern dtàe ter chôp wîng	 I like to run but she likes to walk.	 I like to walk but she likes to run.
ผมเห็นเขามองสัตว์เลี้ยงของคุณ Pǒm hěn kǎo mong sàat-líiang kǒng kun	 I saw him looking at your pet.	 I saw him reading your book(s).
ฉันไม่เคยดูหนังภาษาไทย Chǎn mâi koiie doo nǎng paa-sǎa tai	 Have you ever watched movies in Thai language?	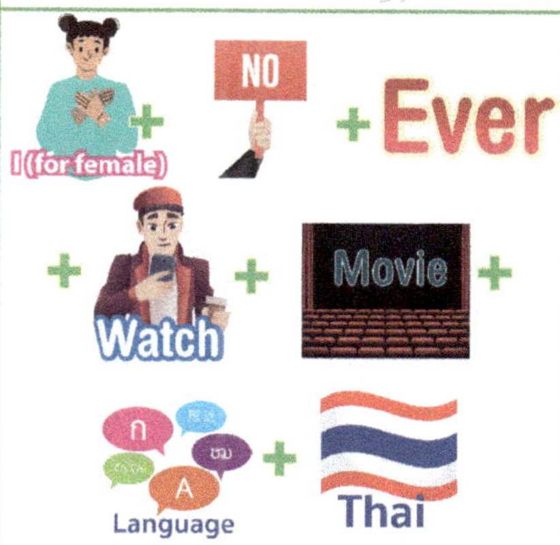 I have never watched movies in Thai language.
คุณพูดภาษาไทยได้มั้ย Kun pôot paa-sǎa-tai dâai mái	 Can you speak Thai language?	 What language(s) do you speak?

Thai Sentence ประโยคภาษาไทย	Choice 1 ตัวเลือกที่ 1	Choice 2 ตัวเลือกที่ 2
คุณชอบ เล่นกีฬาอะไร Kun chôp lên gee-laa à-rai	 *What song/music do you like to listen to?*	 *What sport do you like to play?*
สัตว์เลี้ยง ของผม นอนตอนบ่าย ทุก ๆ วัน Sàat-líiang kǒng pǒm non dton-bàai túk-túk wan	 *My pet sleeps everyday in the afternoon.*	 *My pet eats snack(s) everyday in the evening.*
ไม่มีใคร ทำงานวันหยุด Mâi mee krai tam-ngaan wan yùt	 *Is there anybody work today?*	 *Nobody works on holidays/day off.*
เพื่อนเดินมา ปิดเพลง ที่ผมเปิด Pêuuan dern maa bpìt pleng têe pǒm bpèrt	 *I am sad that my friend switched off (stop) my music.*	 *My friend walked here to switch off (stop) the music that I switched on.*

Part 4 Say Thai Sentences from the given pictures.
ฝึกพูดภาษาไทยจากรูปภาพ

<table>
<tr><th>Picture รูปภาพ</th><th>Thai Transliteration คำอ่านภาษาไทย</th></tr>
<tr><td>
</td><td>Pêuuan têe tam-ngaan chôp fang pleng</td></tr>
<tr><td>
</td><td></td></tr>
<tr><td>
</td><td></td></tr>
<tr><td>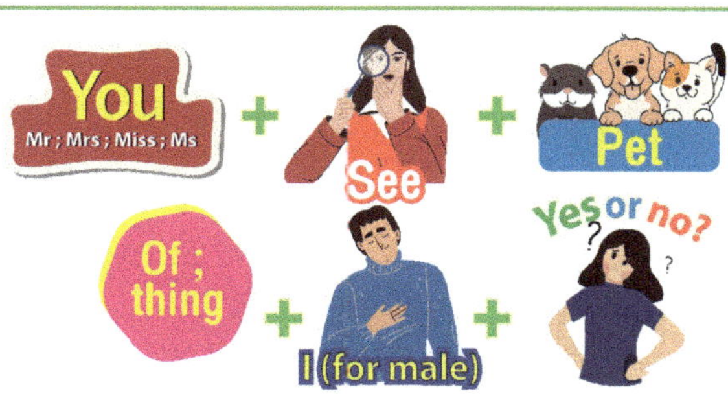
</td><td></td></tr>
<tr><td>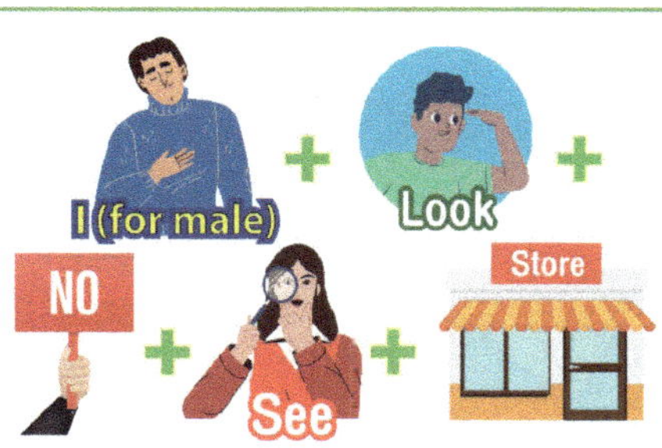
</td><td></td></tr>
</table>

Picture รูปภาพ	Thai Transliteration คำอ่านภาษาไทย

Part 5 Make Thai sentences from below picture.
ฝึกพูดภาษาไทยจากภาพต่อไปนี้

Culture note

The words 'rian' (เรียน), 'àan' (อ่าน), and 'kǐian' (เขียน) are usually followed by the word 'nǎng-sǔe' (หนังสือ), as in 'rian nǎng-sǔe' (เรียนหนังสือ) and 'kǐan nǎng-sǔe' (เขียนหนังสือ).

Additionally, 'kǐan nǎng-sǔe' (เขียนหนังสือ) can be translated in two ways depending on its context: either 'to write a book' or simply 'to write'.

Your Sentence ประโยค	Example ตัวอย่าง
	คุณชอบเล่นกีฬาอะไร Kun chôp lên gee-laa à-rai What sport(s) do you like to play? ฉันชอบวิ่ง แล้วคุณล่ะ Chǎn chôp wîng. Láew kun là I like running. What about you?

Your Sentence ประโยค	Example ตัวอย่าง
	ผมก็ชอบวิ่ง Pǒm gôr chôp wîng I also like running. พรุ่งนี้ตอนเช้า คุณไปวิ่งกับผมมั้ย Prûng-née dton-cháo Kun bpai wîng gàp pǒm mái Would you like to go for a run with me tomorrow morning?

Part 6 Translate these sentences to Thai.
แปลประโยคต่อไปนี้เป็นภาษาไทย

1. I cannot speak Thai.

....

2. When is your holiday?

....

3. I do not like running but I like walking.

....

4. What work do you do?

....

5. What is your favorite sport?

....

Part 7 Make sentences using these words.
แต่งประโยคจากคำที่กำหนด

1. หนังสือ (Nǎng-sěu)

....

2. หยุด (Yùt)

....

3. เล่น (Lên)

....

4. เห็น (Hěn)

....

5. นั่ง (Nâng)

....

Part 8 Homework Match Thai sentences with their correct English translation.

จับคู่ประโยคภาษาไทยให้ตรงกับความหมายภาษาอังกฤษ

นั่งรถไฟไปโรงพยาบาลราคาเท่าไหร่ Nâng rót-fai bpai rohng-pá-yaa-baan raa-kaa tâo-rài	Every public holiday, the restaurant closes at 5 PM.
พรุ่งนี้ผมขอหยุดทำงานได้มั้ย Prûng-née pǒm kǒr yùt tam-ngaan dâai mái	Can I play music while eating?
เขาดูเป็นคนดี Kǎo doo bpen kon dee	Can I have a day off (from work) tomorrow?
ผมเปิดเพลงเวลากินข้าวได้มั้ย Pǒm bpèrt pleng way-laa gin kaao dâai mái	He looks like a good guy.
ทุก ๆ วันหยุด ร้านอาหารปิด 5 โมง ตอนเย็น Túk-túk wan yùt ráan-aa-hǎan bpìt hâa mohng dton-yen	How much is it for a train (ticket) to the hospital?

Chapter 9

Part 1 Review chapter 8 : ทบทวนบทที่ 8

- Circle the word you hear from the teacher. วงคำที่ได้ยินจากผู้สอน
- Circle the word you know and say in Thai. วงคำที่รู้จักและพูดเป็นภาษาไทย
- Say sentences from these pictures. พูดประโยคจากรูปต่อไปนี้

Part 2 New Vocabulary : คำศัพท์ใหม่

Vocabulary คำศัพท์	Definition ความหมาย	Note เพิ่มเติม
 ตรงนี้ Dtrong-née	*Adverb* Here, this place	
 ใน Nai	*Preposition* In	
 นอก Nôk	*Preposition* Out	
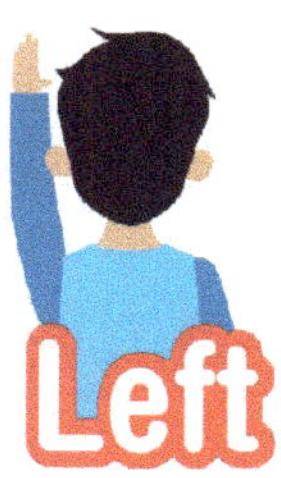 ซ้าย Sáai	*Preposition* Left	
 ขวา Kwǎa	*Preposition* Right	

Vocabulary คำศัพท์	Definition ความหมาย	Note เพิ่มเติม
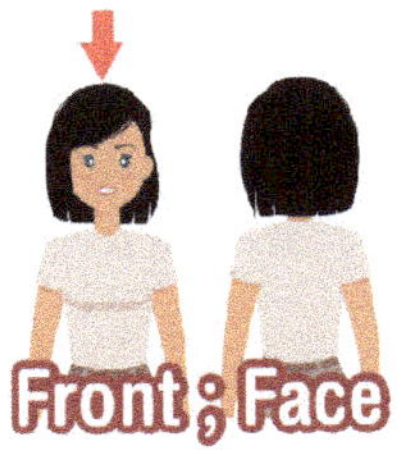 หน้า Nâa	*Preposition* 1. Front *Noun* 2. Face	
 หลัง Lǎng	*Preposition* 1. Behind 2. After *Noun* 3. Back	
 บน Bon	*Preposition* Above, on	
 ล่าง Lâang	*Preposition* Below	
 ใกล้ Glâi	*Stative Verb, Adjective* (To be) Close	

Vocabulary คำศัพท์	Definition ความหมาย	Note เพิ่มเติม
 ไกล Glai	*Stative Verb, Adjective* (To be) Far	
 ข้าง Kâang	*Noun* 1. Side *Preposition* 2. Next to, at the side of	
 ห้อง Hông	*Noun, Classifier* Room	
 หา Hǎa	*Verb* (To) Search, (to) find, (to) look for	
 เจอ Jer	*Verb* (To) Meet	
 คิด Kít	*Verb* (To) Think	

Vocabulary คำศัพท์	Definition ความหมาย	Note เพิ่มเติม
 รู้ Rôo	*Verb* (To) Know	
 ว่า Wâa	*Conjunction* … that …	
 ผู้หญิง Pôo-yǐng	*Noun* Female, woman	
 ผู้ชาย Pôo-chaai	*Noun* Male, man	

Part 3 Listen to the given sentences and circle the correct meaning in English. ฟังภาษาไทย ฝึกแปลเป็นภาษาอังกฤษ

<table>
<tr><th>Thai Sentence
ประโยคภาษาไทย</th><th>Choice 1
ตัวเลือกที่ 1</th><th>Choice 2
ตัวเลือกที่ 2</th></tr>
<tr><td>พ่ออยู่ใน
ห้องนั่งเล่น
Pôr yòo nai
hông nâng lên</td><td>

Dad is in the living room.</td><td>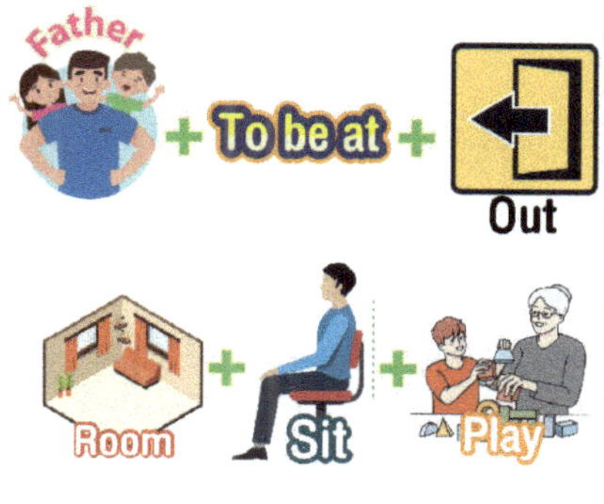

Dad is outside the living room.</td></tr>
<tr><td>ตรงนี้ใกล้บ้าน
ของคุณครูใช่มั้ย
Dtrong-née glâi
bâan kǒng kun kroo
châi mái</td><td>

Is here close to teacher's house?</td><td>

Teacher's house is close to the airport.</td></tr>
<tr><td>คุณรอผม
หน้าบ้านได้มั้ย
Kun ror pǒm
nâa bâan dâai mái</td><td>

Can you wait for me in front of the workplace?</td><td>

Can you wait for me in front of the house?</td></tr>
</table>

Thai Sentence ประโยคภาษาไทย	Choice 1 ตัวเลือกที่ 1	Choice 2 ตัวเลือกที่ 2
ข้างซ้ายเป็น ห้องน้ำผู้หญิง ข้างขวาเป็น ห้องน้ำผู้ชาย Kâang sáai bpen hông náam pôo-yǐng Kâang kwǎa bpen hông náam pôo-chaai	 Where the women's restroom and men's restroom?	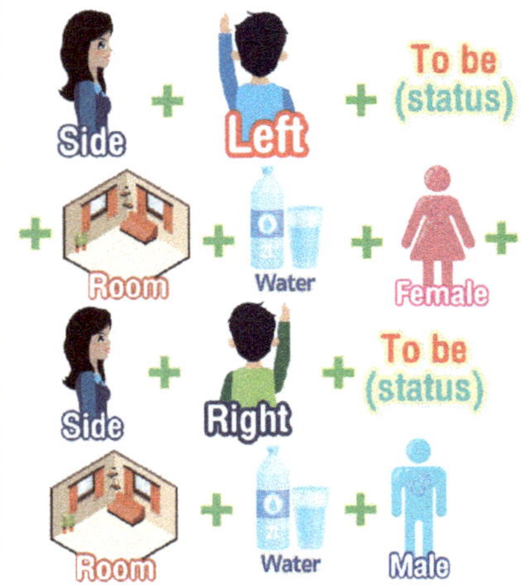 The left side is women's restroom. The right side is men's restroom.
ข้างใน ห้องนอน มีห้องทำงาน Kâang nai hông non mee hông tam-ngaan	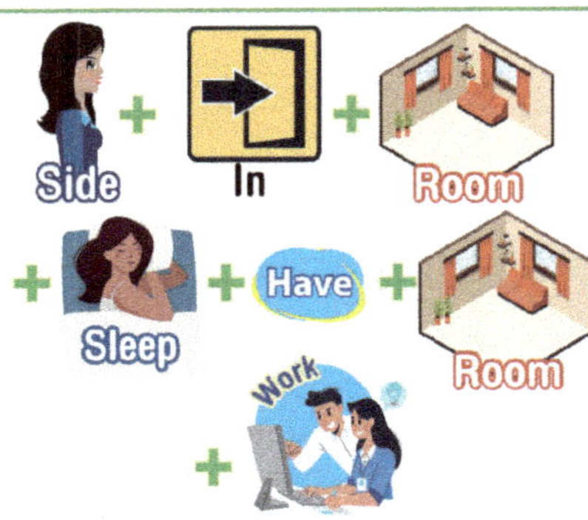 Inside the bedroom, there is a workroom.	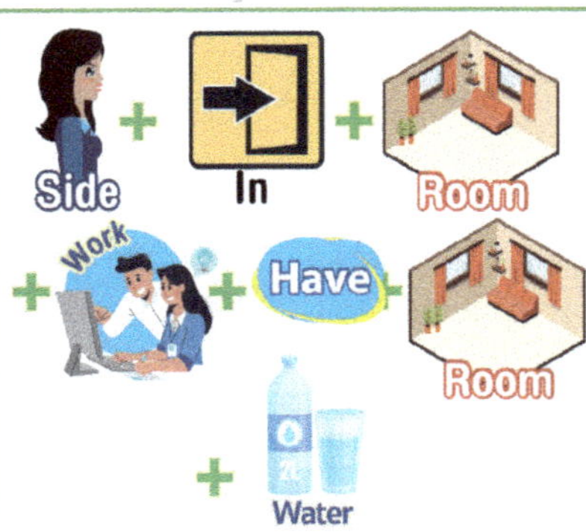 Inside the workroom, there is a bathroom.
ผมรู้ว่า ข้างนอกร้อน เกินไป Pǒm róo wâa kâang nôk rón gern-bpai	 Do you think that it is too hot here?	 I know that outside is too hot.
ผมคิดว่า เขาหาแก้วไม่เจอ Pǒm kít wâa kǎo hǎa gâew mâi jer	 I think that he cannot find glass(es).	 Do you see my glass?

<table>
<tr><th>Thai Sentence
ประโยคภาษาไทย</th><th>Choice 1
ตัวเลือกที่ 1</th><th>Choice 2
ตัวเลือกที่ 2</th></tr>
<tr><td>ข้างหลังตลาดเป็นโรงพยาบาล
Kâang lǎng dtà-làat bpen rohng-pá-yaa-baan</td><td>

Behind the hospital is a market.</td><td>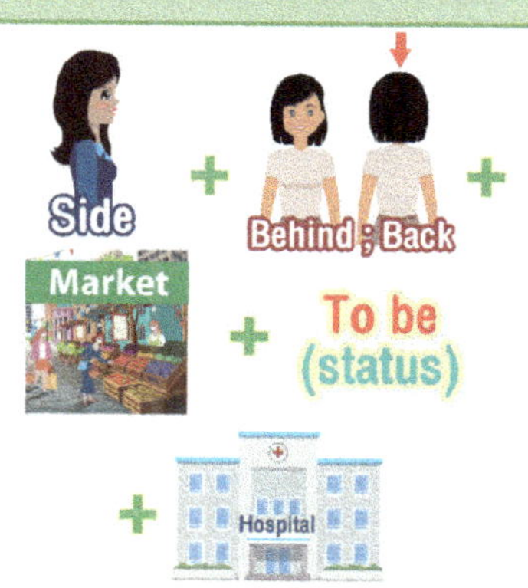

Behind the market is a hospital.</td></tr>
<tr><td>คุณมาเจอผมข้างล่างได้มั้ย
Kun maa jer pǒm kâang lâang dâai mái</td><td>

You come to see me in the restaurant.
(Meet me in the restaurant.)</td><td>

Can you come to see me downstairs?
(Can you meet me downstairs?)</td></tr>
<tr><td>เธอนั่งข้าง ๆ ฉันบนรถไฟ
Ter nâng kâang-kâang chǎn bon rót-fai</td><td>

She sits beside (next to) me on the train.</td><td>

She sits beside (next to) me on the bus.</td></tr>
<tr><td>ที่ทำงานของคุณอยู่ไกลมั้ย
Têe tam-ngaan kǒng kun yòo glai mái</td><td>

Where is your workplace?</td><td>

Is your workplace far?</td></tr>
</table>

Part 4 Say Thai Sentences from the given pictures.
ฝึกพูดภาษาไทยจากรูปภาพ

Picture รูปภาพ	Thai Transliteration คำอ่านภาษาไทย
	Róo mái wâa têe nêe mee hông náam gèe hông

Picture รูปภาพ	Thai Transliteration คำอ่านภาษาไทย

Part 5 Make Thai sentences from below picture.
ฝึกพูดภาษาไทยจากภาพต่อไปนี้

Culture note

Thai people sometimes duplicate words to emphasize their meaning. For example, ข้าง /kâang/ means 'side,' but if you say ข้างๆ /kâang-kâang/, it means 'beside.'

To understand is very easy:
whenever you hear a word repeated twice, you know that the second instance is just emphasizing the first, as you often see in เล็กๆ /lék-lék/, ใหญ่ๆ /yài-yài/, ไกลๆ /glaaii-glaaii/, and ใกล้ๆ /glâi-glâi/.

To say it, however, you will need to pick it up through experience because we do not use it with every word.

Your Sentence ประโยค	Example ตัวอย่าง
	บ้านของคุณอยู่ใกล้อะไร Bâan kǒng kun yòo glâi à-rai What is your house close to?

Your Sentence ประโยค	Example ตัวอย่าง
	ที่ทำงานของผม อยู่ข้างหลังสนามบิน Têe tam-ngaan kǒng pǒm yòo kâang lǎng sà-nǎam-bin My workplace is behind the airport.
	บ้านของคุณมีกี่ห้องนอน Bâan kǒng kun mee gèe hông non How many bedroom are there in your house?
	มี 2 ห้องนอนกับ 1 ห้องน้ำ Mee sǒng hông non gàp nèung hông náam There are two bedrooms and one bathroom.

Part 6 Translate these sentences to Thai.
แปลประโยคต่อไปนี้เป็นภาษาไทย

1. Living room is beside bedroom.

....

2. I know that the store is in front of your workplace.

....

3. He meets her behind the market at 6 o'clock.

....

4. I think that my house is too far from train station.

....

5. My neighbour cannot find his pet.

....

TSLTK
THAI AS SECOND LANGUAGE TEACHING KIT

Part 7 Put these words in correct order.
สลับคำให้เป็นประโยคที่ถูกต้อง

1. อะไร / คุณ / หา
À-rai / kun / hǎa

....

2. เจอ / เธอ / ผม / ตรงนี้/ เมื่อวาน
Jer / ter / pǒm / dtrong-née / mêuua-waan

....

3. พี่ / ของ / ผู้ชาย / นั้น / เป็น / ผู้หญิง / คน / นี้ / คน
Pêe / kǒng / pôo-chaai / nán / bpen / pôo-yǐng / kon / née / kon

....

4. จาก / ตรงนี้ / มาก / มั้ย / โรงพยาบาล / อยู่ / ไกล
Jàak / dtrong-née / mâak / mái / rohng-pá-yaa-baan / yòo / glai

....

5. ข้าง/ มี/ ร้านอาหาร/ บน/ โรงแรม/ อยู่
Kâang / mee / ráan-aa-hǎan / bon / rohng-raem / yòo

....

Part 8 Homework Match the words to make complete sentences.
จับคู่ประโยคต่อเนื่อง

ฉันไปหาสามีที่ทำงาน Chǎn bpai hǎa sǎa-mee têe tam-ngaan	เป็นโรงพยาบาล Bpen rohng-pá-yaa-baan
ราคาอยู่ข้างหลัง Raa-kaa yòo kâang lǎng	ตอนเย็น Dton-yen
ข้าง ๆ ห้องน้ำเป็น Kâang-kâang hông náam bpen	ห้องนอน Hông non
ผมรู้ว่าข้างนอก Pǒm róo wâa kâang nôk	ถ้วยขนม Tûuay kà-nǒm
ข้างซ้ายเป็นตลาด ข้างขวา Kâng sáai bpen dtà-làat Kâang kwǎa	หนาว Nǎao

Chapter 10

Part 1 Review chapter 9 : ทบทวนบทที่ 9

- Circle the word you hear from the teacher. วงคำที่ได้ยินจากผู้สอน
- Circle the word you know and say in Thai. วงคำที่รู้จักและพูดเป็นภาษาไทย
- Say sentences from these pictures. พูดประโยคจากรูปต่อไปนี้

Part 2 New Vocabulary : คำศัพท์ใหม่

Vocabulary คำศัพท์	Definition ความหมาย	Note เพิ่มเติม
 กำลัง Gam-lang	*Auxiliary verb* 1. It is an auxiliary used to put the verb in the present continuous tense. *Noun* 2. Power, energy	It is an auxiliary verb used along with a main verb to express present continuous tense.
 ทำ Tam	*Verb* 1. (To) Do 2. (To) Make	
 อาบน้ำ Àap-náam	*Verb* (To) Shower	
 แต่งตัว Dtàeng-dtuua	*Verb* (To) Get dressed	
 หมวก Mùuak	*Noun* Hat, cap	

Vocabulary คำศัพท์	Definition ความหมาย	Note เพิ่มเติม
 Glasses แว่นตา Wâen-dtaa	*Noun* Glasses	
 Skirt กระโปรง Grà-bprohng	*Noun* Skirt	
 Pants กางเกง Gaang-geng	*Noun* Pants, trousers	
 Shoes รองเท้า Rong-táo	*Noun* Shoes	
 Wear ใส่ Sài	*Verb* 1. (To) Wear, (to) put on 2. (To) Add, (to) apply, (to) put in	

Vocabulary คำศัพท์	Definition ความหมาย	Note เพิ่มเติม
 Take off ถอด Tòt	*Verb* (To) Take off, (to) remove	
Because / Good sound เพราะ Prór	*Conjunction* 1. Because *Stative Verb, Adjective* 2. (To be) Good (when referring to a sound or song)	
 Together ด้วยกัน Dûuay-gan	*Adverb* Togetther	
Will จะ Jà	*Adverb Auxiliary* Will	
 Tell บอก Bòk	*Verb* (To) Tell	
 Understand เข้าใจ Kâo-jai	*Verb* (To) Understand	

Vocabulary คำศัพท์	Definition ความหมาย	Note เพิ่มเติม
 ต้อง Dtông	*Adverb Auxiliary* Must, have to	
 เร็ว Reo	*Stative Verb, Adjective* (To be) Fast,(to be) quick, (to be) speedy	
 ช้า Cháa	*Stative Verb, Adjective* (To be) Slow	
 รีบ Rêep	*Verb* (To) Hurry	

Part 3 Listen to the given sentences and circle the correct meaning in English. ฟังภาษาไทย ฝึกแปลเป็นภาษาอังกฤษ

Thai Sentence ประโยคภาษาไทย	Choice 1 ตัวเลือกที่ 1	Choice 2 ตัวเลือกที่ 2
คุณกำลังทำอะไร Kun gam-lang tam à-rai	 *What are you doing?*	 *What are you eating?*
ใครอาบน้ำช้าแต่แต่งตัวเร็ว Krai àap-náam cháa dtàe dtàeng-dtuaa reo	 *Who showers slowly but gets dressed quickly.*	 *I shower slowly. I also get dressed slowly.*
คุณใส่กระโปรงตัวนี้สวยมาก Kun sài grà-bprohng dtuua née sǔuay mâak	 *You wear these shorts/trousers very beautifully. (These shorts/trousers look very good on you.)*	 *You wear this skirt very beautifully. (The skirt looks very good on you.)*

Thai Sentence ประโยคภาษาไทย	Choice 1 ตัวเลือกที่ 1	Choice 2 ตัวเลือกที่ 2
ผมหาหมวกกับแว่นตาไม่เจอ Pŏm hăa mùuak gàp wâen-dtaa mâi jer	 Do you see my hat and glasses?	 I cannot find the hat and glasses.
คุณเห็นกางเกงของผมมั้ย Kun hĕn gaang-geng kŏng pŏm mái	 Do you see my shorts/trousers?	 I cannot find the shorts/trousers.
คุณต้องถอดรองเท้าข้างหน้าบ้าน Kun dtông tòt rong-táo kâang nâa bâan	 You cannot take off (your) shoes here.	 You must take off (your) shoes in front of the house.
เธอบอกว่าจะใส่กระโปรงตัวนั้น Ter bòk wâa jà sài grà-bprohng dtuua nán	 He thought that he would wear those shorts/trousers.	 She said that she would wear that skirt.

Thai Sentence ประโยคภาษาไทย	Choice 1 ตัวเลือกที่ 1	Choice 2 ตัวเลือกที่ 2
คุณมาทำกับข้าวด้วยกันไหม Kun maa tam gàp kâao dûuay-gan mǎi	You (Mr; Mrs; Miss; Ms) + Come + Do; make + And; With + Rice + Together + Yes or no? *Would you like to come to cook together?*	You (Mr; Mrs; Miss; Ms) + Come + Study + Language + Thai + Together + Yes or no? *Would you like to learn Thai language together?*
พวกเขาชอบคุณเพราะคุณพูดเพราะ Pûuak kǎo chôp kun prór kun pôot prór	Group + He; him + NO + Like + Person; people + Speak + NO + Because / Good sound *They do not like people who speak impolitely.*	Group + He; him + Like + You (Mr; Mrs; Miss; Ms) + Because / Good sound + You (Mr; Mrs; Miss; Ms) + Speak + Because / Good sound *They like you because you speak politely.*
ฉันมาช้าเพราะรถไฟมาช้า Chǎn maa cháa prór rót-fai maa cháa	I (for female) + Come + Slow + Because / Good sound + Train + Come + Slow *I came late because the train came late.*	I (for female) + Sorry + At; that + Come + Slow *I am sorry that I came late.*
คุณเดินเร็ว ๆ ได้มั้ย ผมรีบ Kun dern reo reo dâai mái Pǒm rêep	You (Mr; Mrs; Miss; Ms) + Walk + Slow + Too much + You (Mr; Mrs; Miss; Ms) + Run + Can + Yes or no? *You walk too slowly. Can you run?*	You (Mr; Mrs; Miss; Ms) + Walk + Fast + Fast + Can + Yes or no? + I (for male) + Hurry *Can you walk fast? I am in hurry.*

Part 4 Say Thai Sentences from the given pictures.
ฝึกพูดภาษาไทยจากรูปภาพ

Picture รูปภาพ	Thai Transliteration คำอ่านภาษาไทย
	Mâi dtông rêep Pûuak rao mee way-laa

Picture รูปภาพ	Thai Transliteration คำอ่านภาษาไทย

Part 5 Make Thai sentences from below picture.
ฝึกพูดภาษาไทยจากภาพต่อไปนี้

We can express the present continuous tense by using 'gam-lang' (กำลัง), 'yòo' (อยู่), or both of them together.
For example:
1. 'kǎo gam-lang gin kâao' (เขากำลังกินข้าว)
2. 'kǎo gin kaao yòo' (เขากินข้าวอยู่)
3. 'kǎo gam-lang gin kâao yòo' (เขากำลังกินข้าวอยู่)

All of the above three sentences have the same meaning, which is 'He is eating.'.

Your Sentence ประโยค	Example ตัวอย่าง
	ฉันใส่กระโปรงตัวนี้ไม่ได้ Chǎn sài grà-bprohng dtuua née mâi dâai I cannot wear this skirt. ผมคิดว่ากระโปรงตัวใหญ่เกินไป Pǒm kít wâa grà-bprohng dtuua yài gern bpai I think that the skirt is too big.

Your Sentence ประโยค	Example ตัวอย่าง
	คุณต้องใส่กางเกงตัวนี้ Kun dtông sài gaang-geng dtuua née You must wear this pair of shorts/trousers. กางเกงตัวนี้ก็สวยดี ขอบคุณค่ะ Gaang-geng dtuua née gôr sǔuay dee Kòp kun kâ This pair of shorts/ trousers is also beautiful. Thank you.

notes

TSLTK
THAI AS SECOND LANGUAGE TEACHING KIT

Level 1

Part 6 Put these words in correct order.
สลับคำให้เป็นประโยคที่ถูกต้อง

1. รอ / ได้ / ไม่เป็นไร / ผม
Ror / dâai / mâi-bpen-rai / pǒm

....

2. รองเท้า / ทำไม / ถอด / เธอ
Rong-táo / tam-mai / tòt / ter

....

3. ข้าว / ด้วยกัน / ไป / กิน / มั้ย
Kâao / dûuay-gan / bpai / gin / mái

....

4. ไม่ / ผม / ขอ / 1 / ถ้วย / ใส่ / ผัก / ครับ / ก๋วยเตี๋ยว
Mâi / pǒm / kǒr / nèung / tûuay/ sài / pàk / kráp / gǔuay-dtǐieow

....

5. ตัว / ไหน / พรุ่งนี้ / ใส่ / กางเกง / คุณ / จะ
Dtuua / nǎi / prûng-née / sài / gaang-geng / kun/ jà

....

Part 7 Make sentences using these words.
แต่งประโยคจากคำที่กำหนด

1. กำลัง (Gam-lang)

....

2. เพราะ (Prór)

....

3. เพราะ (Prór)

....

4. เข้าใจ (Kâo-jai)

....

5. หมวก (Mùuak)

....

Part 8 Homework Match Thai sentences with their correct English translation.

จับคู่ประโยคภาษาไทยให้ตรงกับความหมายภาษาอังกฤษ

ผมดีใจเพราะ จะได้เจอเธอเร็ว ๆ นี้ Pǒm dee-jai prór jà dâai jer ter reo reo née	I am happy because I will be able to meet her soon.
ฉันเสียใจเพราะ ใส่กระโปรงตัวนี้ไม่ได้ Chǎn sǐia-jai prór sài grà-bprohng dtuua née mâi dâai	Don't have to hurry. You can take a shower slowly.
เธอใส่แว่นตาอันนี้แล้ว สวยมาก Ter sài wâen-dtaa an née láew sǔuay mâak	I am sad because I cannot wear this skirt.
ไม่ต้องรีบ คุณอาบน้ำช้า ๆ ก็ได้ Mâi dtông rêep Kun àap-naam cháa cháa gôr dâai	You must speak slowly so I will be able to understand.
คุณต้องพูดช้า ๆ ผมจะได้เข้าใจ Kun dtông pôot cháa cháa Pǒm jà dâai kâo-jai	When she wears these glasses, she looks very beautiful.

Chapter 11

Part 1 Review chapter 10 : ทบทวนบทที่ 10

- Circle the word you hear from the teacher. วงคำที่ได้ยินจากผู้สอน
- Circle the word you know and say in Thai. วงคำที่รู้จักและพูดเป็นภาษาไทย
- Say sentences from these pictures. พูดประโยคจากรูปต่อไปนี้

Part 2 New Vocabulary : คำศัพท์ใหม่

Vocabulary คำศัพท์	Definition ความหมาย	Note เพิ่มเติม
 รู้สึก Róo-sùek	*Verb* (To) Feel	
 เบื่อ Bèuua	*Stative Verb, Adjective* (To be) Bored	
 เหงา Ngǎo	*Stative Verb, Adjective* (To be) Lonely	
 เหนื่อย Nèuuay	*Stative Verb, Adjective* (To be) Tired	
 ตื่นเต้น Dtèun-dtên	*Stative Verb, Adjective* (To be) Excited	

Vocabulary คำศัพท์	Definition ความหมาย	Note เพิ่มเติม
 พัก Pák	*Verb* (To) Rest	
 ลอง Long	*Verb* (To) Try	
 จัง Jang	*Adverb* Very much, really	
 จริง Jing	*Stative Verb, Adjective* 1. (To be) True, (to be) real *Adverb* 2. Truly, really	
 กว่า Gwàa	*Adverb* More	

Vocabulary คำศัพท์	Definition ความหมาย	Note เพิ่มเติม
 ที่สุด Têe-sùt	*Adverb* Most	
 ขึ้น Kêun	*Verb* 1. (To) Go up, (to) rise, (to) increase 2. (To) Get in, (to) get on (for vehicles)	
 ลง Long	*Verb* 1. (To) Go down, (to) reduce, (to) descend 2. (To) Get out off (for vehicles)	
 น้อย Nói	*Stative Verb, Adjective* (To be) Little, (to be) few	
 ถูก Tòok	*Stative Verb, Adjective* 1. (To be) Cheap 2. (To be) Correct	
 แพง Paeng	*Stative Verb, Adjective* (To be) Expensive	

Vocabulary คำศัพท์	Definition ความหมาย	Note เพิ่มเติม
 เก่า Gào	*Stative Verb, Adjective* (To be) Old (for things)	
 ใหม่ Mài	*Stative Verb, Adjective* (To be) New	
 หิว Hǐw	*Stative Verb, Adjective* (To be) Hungry	
 อิ่ม Ìm	*Stative Verb, Adjective* (To be) Full (for food)	

Part 3 Listen to the given sentences and circle the correct meaning in English. ฟังภาษาไทย ฝึกแปลเป็นภาษาอังกฤษ

<table>
<tr><th>Thai Sentence
ประโยคภาษาไทย</th><th>Choice 1
ตัวเลือกที่ 1</th><th>Choice 2
ตัวเลือกที่ 2</th></tr>
<tr><td>ตอนนี้พี่รู้สึก
เบื่อและเหงา
Dton-née
pêe róo-sèuk
bèuua láe ngǎo</td><td>

Right now, older brother/ sister feels bored and lonely.</td><td>

Right now, younger brother / sister feels bored and lonely.</td></tr>
<tr><td>ลองเล่นกีฬา
ด้วยกันมั้ย
Long lên
gee-laa
dûuay-gan mái</td><td>

Would you like to (try and) play sport together?</td><td>

Would you like to (try and) listen to music together?</td></tr>
<tr><td>เหนื่อยจัง
ผมพักได้มั้ย
Nèuuay jang
Pǒm pák dâai mái</td><td>

I am really hungry. Can I eat?</td><td>

I am really tired. Can I rest?</td></tr>
</table>

Thai Sentence ประโยคภาษาไทย	Choice 1 ตัวเลือกที่ 1	Choice 2 ตัวเลือกที่ 2
วันนี้คุณดูตื่นเต้นกว่าเมื่อวาน Wan-née kun doo dtèun-dtên gwàa mêuua-waan	 *Today you look more excited than yesterday.*	 *Yesterday you looked more excited than today.*
กินข้าวอิ่มกว่ากินก๋วยเตี๋ยว Gin kâao ìm gwàa gin gǔuay-dtǐieow	 *Eating rice (meal) keeps us fuller than eating fruit.*	 *Eating rice (meal) keep us fuller than eating noodles.*
ดี ดีกว่า ดีที่สุด Dee Dee gwàa Dee têe sùt	 *Fast, faster, the fastest*	 *Good, better, the best*
มากขึ้น น้อยลง Mâak kêun Nói long	 *More, less*	 *Bigger, smaller*

Thai Sentence ประโยคภาษาไทย	Choice 1 ตัวเลือกที่ 1	Choice 2 ตัวเลือกที่ 2
อันนี้ถูก อันนั้นแพง An née tòok An nán paeng	 This glass is hot. That glass is cold.	 This is cheap. That is expensive.
พวกนี้เก่า พวกนั้นใหม่ Pûuak née gào Pûuak nán mài	 This person is excited. That person is bored.	 These are old. Those are new.
หิวจัง ข้าวมาช้าจริง ๆ Hǐw jang Kâao maa cháa jing jing	 I am very hungry. The rice (meal) comes really slowly. (It takes so long for the meal to come)	 I am very hungry. Has the rice (meal) come yet?
วิ่งต้อง เหนื่อยกว่าเดิน ถูกมั้ย Wîng dtôong nèuuay gwàa dern tòok mái	 The train must be faster than the bus. Is that correct?	 Running must bemore tired than walking. Is that correct?

Part 4 Say Thai Sentences from the given pictures.
ฝึกพูดภาษาไทยจากรูปภาพ

Picture รูปภาพ	Thai Transliteration คำอ่านภาษาไทย
	Jing jing láew pǒm gôr dtèun-dtên

Picture รูปภาพ	Thai Transliteration คำอ่านภาษาไทย

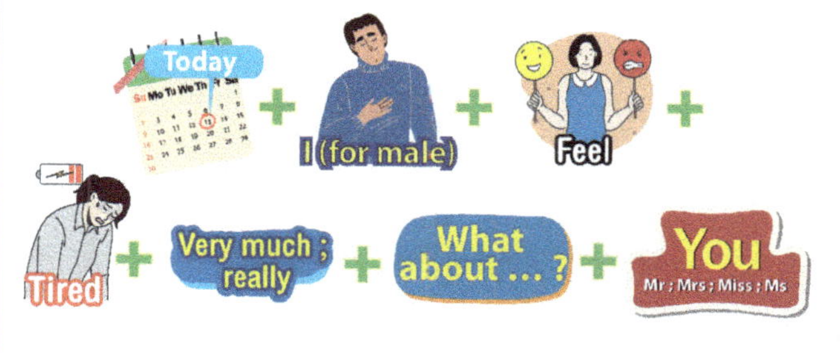	

Part 5 Make Thai sentences from below picture.
ฝึกพูดภาษาไทยจากภาพต่อไปนี้

Culture note

We have the word 'hǐw' (หิว) that means hungry and 'grà-hǎai' (กระหาย) that means thirsty.
Though in our daily life, we use the word 'hǐw' (หิว) that means hungry for both meanings of hungry and thirsty which often followed by the food or drink that you fancy.

Your Sentence ประโยค	Example ตัวอย่าง
	คุณดูเหนื่อย ๆ ไปทำอะไรมา Kun doo nèuuay nèuuay Bpai tam à-rai maa You look tired. What have you been doing? ผมลงไปซื้อขนม ขนมไทยถูกมาก Pǒm long bpai séu kà-nǒm Kà-nǒm tai tòok mâak I went down to buy (a) snack(s). Thai snacks are very cheap.

Your Sentence ประโยค	Example ตัวอย่าง
	คุณลองกินอันนี้ดูมั้ย Kun long gin an née doo mái Do you want to try (to eat) this one? ไม่เป็นไรครับ ผมอิ่มแล้ว Mâi-bpen-rai-kráp Pǒm ìm láew I am full already.

Part 7 Make sentences using these words.
แต่งประโยคจากคำที่กำหนด

1. หิว (Hǐw)

....

2. ถูก (Tòok)

....

3. ขึ้น (Kêun)

....

4. กว่า (Gwàa)

....

5. ที่สุด (Têe-sùt)

....

Part 8 Homework Translate these sentences to Thai.
แปลประโยคต่อไปนี้เป็นภาษาไทย

1. This is 59 baht, right?

   ....

2. Which one is the cheapest?

   ....

3. Are you bored?

   ....

4. I am full already, how about you?

   ....

5. Are you feeling better?

   ....

Chapter 12

Part 1 Review chapter 11 : ทบทวนบทที่ 11

- Circle the word you hear from the teacher. วงคำที่ได้ยินจากผู้สอน
- Circle the word you know and say in Thai. วงคำที่รู้จักและพูดเป็นภาษาไทย
- Say sentences from these pictures. พูดประโยคจากรูปต่อไปนี้

Part 2 New Vocabulary : คำศัพท์ใหม่

Vocabulary คำศัพท์	Definition ความหมาย	Note เพิ่มเติม
 อากาศ Aa-gàat	*Noun* Weather	
 ฝน Fǒn	*Noun* Rain	
 ตก Dtòk	*Verb* (To) Fall, (to) drop	
 แดด Dàet	*Noun* Sunlight	
 ลม Lom	*Noun* Wind	

Vocabulary คำศัพท์	Definition ความหมาย	Note เพิ่มเติม
 เปียก Bpìiak	*Stative Verb, Adjective* (To be) Wet	
 แห้ง Hâeng	*Stative Verb, Adjective* (To be) Dry	
 เข้า Kâo	*Verb* (To) Get into, (to) enter	
 ออก Òk	*Verb* (To) Go out, (to) leave	
 ก่อน Gòn	*Conjunction* Before	

Vocabulary คำศัพท์	Definition ความหมาย	Note เพิ่มเติม
 กลางวัน Glaang-wan	*Noun* Daytime	
 กลางคืน Glaang-keun	*Noun* Nighttime	
 นาฬิกา Naa-lí-gaa	*Noun* 1. Clock, watch *Classifier* 2. O'clock (for when telling the time in the 24 hour system)	O'clock (for when telling the time in the 24-hour system)
 เครื่องบิน Krêuuang-bin	*Noun* Plane	
 ตั๋ว Dtǔua	*Noun* Ticket	
 รถยนต์ Rót-yon	*Noun* Car	

Vocabulary คำศัพท์	Definition ความหมาย	Note เพิ่มเติม
 รถเมล์ Rót-may	*Noun* Bus	
 มอเตอร์ไซค์ Mor-dter-sai	*Noun* Motorcycle	
Classifier for vehicles คัน Kan	*Classifier* 1. ‼ No direct translation It is the classifier for cars and other vehicles except planes or boats. It is also the classifier for forks and spoons. *Verb* 2. (To) Itch	
 ขี่ Kèe	*Verb* (To) Ride	
 ขับ Kàp	*Verb* (To) Drive	

Part 3 Listen to the given sentences and circle the correct meaning in English. ฟังภาษาไทย ฝึกแปลเป็นภาษาอังกฤษ

Thai Sentence ประโยคภาษาไทย	Choice 1 ตัวเลือกที่ 1	Choice 2 ตัวเลือกที่ 2
วันนี้อากาศเป็นยังไง Wan née aa-gàat bpen yang-ngai	 *How is the weather today?*	 *How is the weather right now?*
กางเกงเปียกเพราะฝนตก Gaang-geng bpìiak prór fǒn dtòk	 *The shorts/trousers are wet because of rain.*	 *The shorts/trousers are wet because of falling into the water.*
กระโปรงแห้งเพราะมีลม Grà-bprohng hâeng prór mee lom	 *The skirt are dried because of wind.*	 *The skirt are dried because of sunlight.*

Thai Sentence ประโยคภาษาไทย	Choice 1 ตัวเลือกที่ 1	Choice 2 ตัวเลือกที่ 2
เขาขึ้น เครื่องบิน เวลากลางคืน Kǎo kêun krêuuang-bin way-laa glaang-keun	 She gets on airplane at daytime. (She is on board during the day).	 He gets on airplane at night. (He is on board during the night).
กลางวัน แดดร้อน ต้องใส่หมวก Glaang-wan dàet rón dtông sài mùuak	 Sunlight is hot during the day. (You) must wear a hat.	 Yesterday the sunlight was extremely hot.
เวลา 18 นาฬิกา มีรถเมล์กี่คัน Way-laa sìp bpàet naa-lí-gaa mee rót-may gèe kan	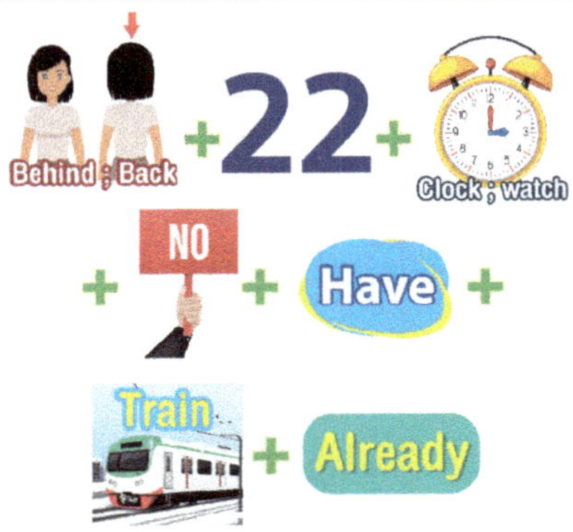 After 22.00, there is no train (already).	 At 18.00, how many buses are there?
คุณขับรถยนต์ แต่เขา ขี่มอเตอร์ไซค์ Kun kàp rót-yon dtàe kǎo kèe mor-dter-sai	 Can you drive a car?	 You drive a car but he rides a motorcycle.

Part 4 Say Thai Sentences from the given pictures.
ฝึกพูดภาษาไทยจากรูปภาพ

Picture รูปภาพ	Thai Transliteration คำอ่านภาษาไทย
	Dàet rón gern-bpai Kèe mor-dter-sai mâi dee

Picture รูปภาพ	Thai Transliteration คำอ่านภาษาไทย

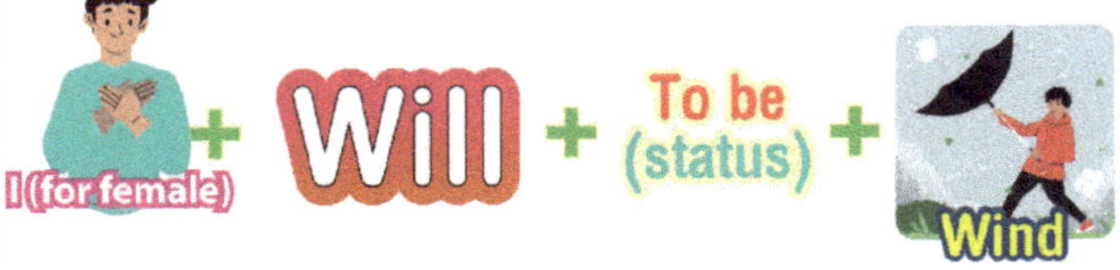	

Part 5 Make Thai sentences from below picture.
ฝึกพูดภาษาไทยจากภาพต่อไปนี้

Thailand has three official seasons - hot, cool, and wet. Interestingly, there is no cool season in the south of Thailand, which means the sourhern region has only two season hot and wet.

Your Sentence ประโยค	Example ตัวอย่าง
	คุณคิดว่าวันนี้ฝนจะตกมั้ย Kun kít wâa wan-née fǒn jà dtòk mái Do you think that it will rain today? ฉันไม่ชอบฝนตก Chǎn mâi chôp fǒn dtòk I do not like raining.

Your Sentence ประโยค	Example ตัวอย่าง
	คุณชอบแดดมั้ย Kun chôp dàet mái Do you like sunlight? ฉันชอบแดดตอนเช้า เพราะไม่ร้อนเกินไป Chǎn chôp dàet dton-cháo prór mâi rón gern-bpai I like morning sunlight because it is not too hot.

Part 6 Match Thai sentences with their correct English translation.
จับคู่ประโยคภาษาไทยให้ตรงกับความหมายภาษาอังกฤษ

คุณเคยกินก๋วยเตี๋ยวแห้งมั้ย Kun koiie gin gǔuay-dtǐieow hâeng mái	Why is the clock not ticking?
รถเมล์คันใหญ่กว่ารถยนต์ Rót-may kan yài gwàa rót-yon	Buses are bigger than cars.
คุณแม่ชอบนอนกลางวัน Kun mâe chôp non glaang-wan	Today's weather is not good. Will weather be good tomorrow?
ทำไมนาฬิกาไม่เดิน Tam-mai naa-lí-gaa mâi dern	Have you ever had dried noodles?
วันนี้อากาศไม่ดี พรุ่งนี้อากาศจะดีมั้ย Wan-née aa-gàat mâi dee Prûng-née aa-gàat jà dee mái	Mum likes to sleep during the day.

Part 7 Translate these sentences to Thai.
แปลประโยคต่อไปนี้เป็นภาษาไทย

1. How is the weather today?

....

2. How much is the movie ticket?

....

3. Motorcycle is slower than car.

....

4. The 4th month is the hottest.

....

5. I like your watch.

....

Part 8 Homework Match the words to make complete sentences.

จับคู่ประโยคต่อเนื่อง

ผมไปไม่ได้เพราะ Pǒm bpai mâi dâai prór	รถไฟ Rót-fai
ต้องซื้อตั๋วก่อนขึ้น Dtông séu dtǔua gòn kêun	ไม่ดี Mâi dee
บ้านของคุณมีรถยนต์ Bâan kǒng kun mee rót-yon	ฝนตก Fǒn dtòk
ก่อนนอนคุณทำ Gòn non kun tam	อะไร À-rai
ขี่มอเตอร์ไซค์เร็วเกินไป Kèe mor-dter-sai reo gern-bpai	กี่คัน Gèe kan

Chapter 13

Part 1 Review chapter 12 : ทบทวนบทที่ 12

- Circle the word you hear from the teacher. วงคำที่ได้ยินจากผู้สอน
- Circle the word you know and say in Thai. วงคำที่รู้จักและพูดเป็นภาษาไทย
- Say sentences from these pictures. พูดประโยคจากรูปต่อไปนี้

Classifier for vehicles

Before

Part 2 New Vocabulary : คำศัพท์ใหม่

Vocabulary คำศัพท์	Definition ความหมาย	Note เพิ่มเติม
 ยัง Yang	*Adverb Auxiliary* Yet, still	
 หรือ Rěu	*Conjunction* Or	
 (Confirmation word) หรือ / เหรอ Rěu / Rěr	*Particle* !! No direct translation It is a question particle used when seeking confirmation of something thought to be true, or to make a question sound softer.	
 Wrong ผิด Pìt	*Stative Verb, Adjective* (To be) Wrong, (to be) incorrect	
 เหมือน Měuuan	*Stative Verb, Adjective* (To be) Same, (to be) like	

Vocabulary คำศัพท์	Definition ความหมาย	Note เพิ่มเติม
 ปวด Bpùuat	*Verb* (To) Ache	Is something internal, a persistent physical discomfort or dull pain.
 เจ็บ Jèp	*Stative Verb, Adjective* (To be) Hurt, (to be) in pain	Is something external, may come on quickly and it is more difficult to ignore.
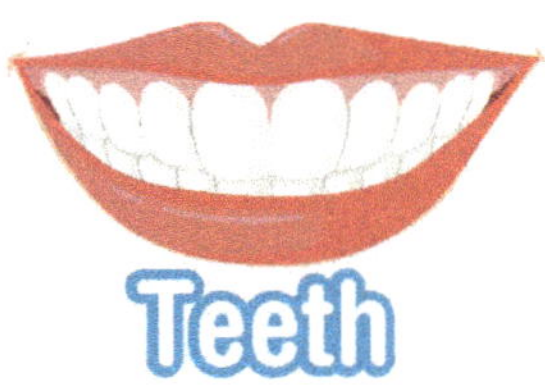 ฟัน Fan	*Noun* Teeth, tooth	
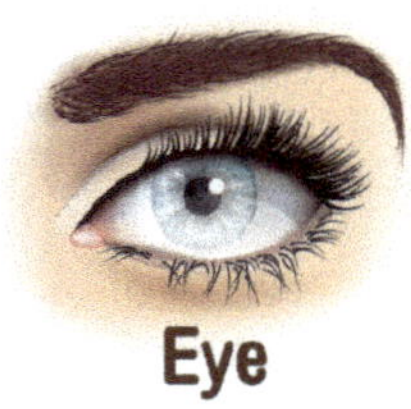 ตา Dtaa	*Noun* Eye	
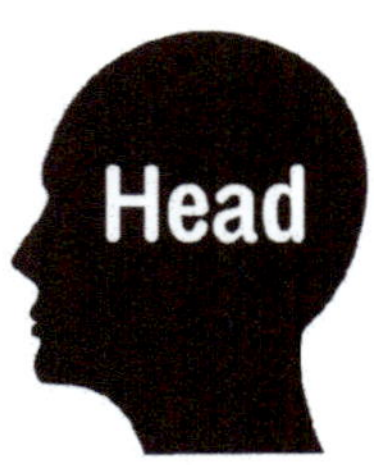 หัว Hǔua	*Noun* Head	

Vocabulary คำศัพท์	Definition ความหมาย	Note เพิ่มเติม
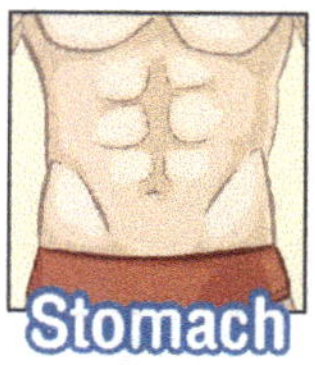 ท้อง Tóng	*Noun* 1. Stomach *Stative Verb, Adjective* 2. (To be) Pregnant	
 ปาก Bpàak	*Noun* Mouth, lip	
 แขน Kǎen	*Noun* Arm	
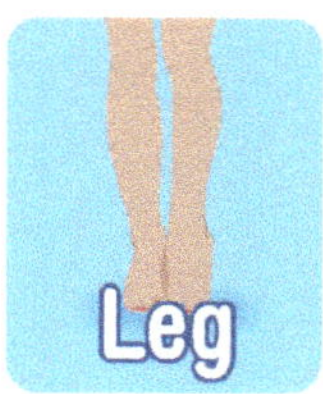 ขา Kǎa	*Noun* Leg	
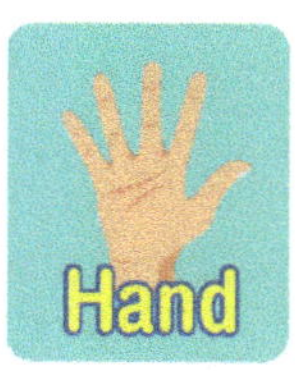 มือ Meu	*Noun* Hand	
 ถ้า Tâa	*Conjunction* If	

Vocabulary คำศัพท์	Definition ความหมาย	Note เพิ่มเติม
 ไอ Ai	*Verb* (To) Cough	
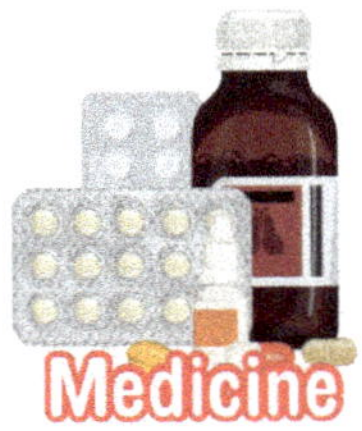 ยา Yaa	*Noun* Medicine	
 ถาม Tǎam	*Verb* (To) Ask	
 ตอบ Dtòp	*Verb* (To) Answer	

Part 3 Listen to the given sentences and circle the correct meaning in English. ฟังภาษาไทย ฝึกแปลเป็นภาษาอังกฤษ

Thai Sentence ประโยคภาษาไทย	Choice 1 ตัวเลือกที่ 1	Choice 2 ตัวเลือกที่ 2
กินข้าวหรือยัง Gin kâao rěu yang	 Have you eaten (rice/meal) yet?	 Are you well?
ยังไม่กิน ไปกิน ด้วยกันมั้ย Yang mâi gin Bpai gin dûuay-gan mái	 I have not eaten yet. Would you like to go to eat together?	 My stomach hurts. I cannot eat rice (meal).
ตาของเธอ เหมือนของผม จริงเหรอ Dtaa kǒng ter měuuan kǒng pǒm Jing rěr	 Her eyes are very beautiful.	 Do her eyes really look like mine?

Thai Sentence ประโยคภาษาไทย	Choice 1 ตัวเลือกที่ 1	Choice 2 ตัวเลือกที่ 2
คุณปวดหัวหรือปวดท้อง Kun bpùuat hǔua rěu bpùuat tóng	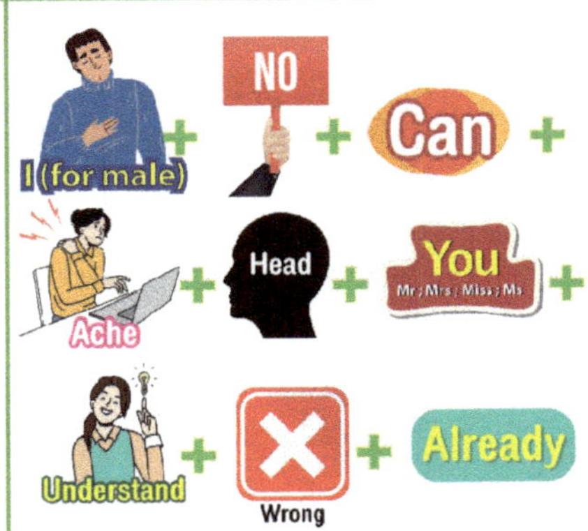 I do not have headache. You misunderstood.	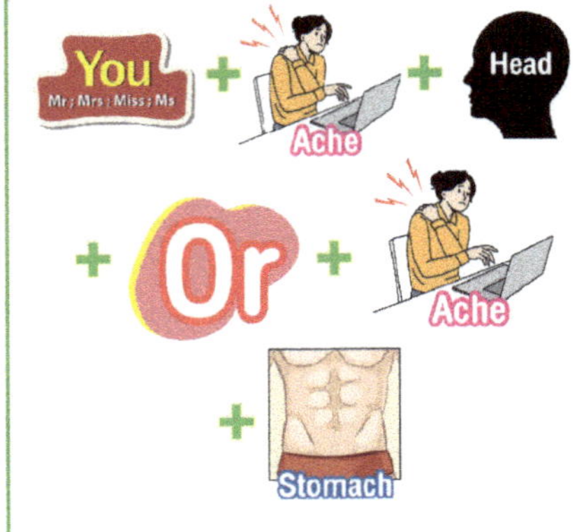 Does your head or stomach hurt?
ผมเจ็บขาเพราะเล่นกีฬา Pǒm jèp kǎa prór lên gee-laa	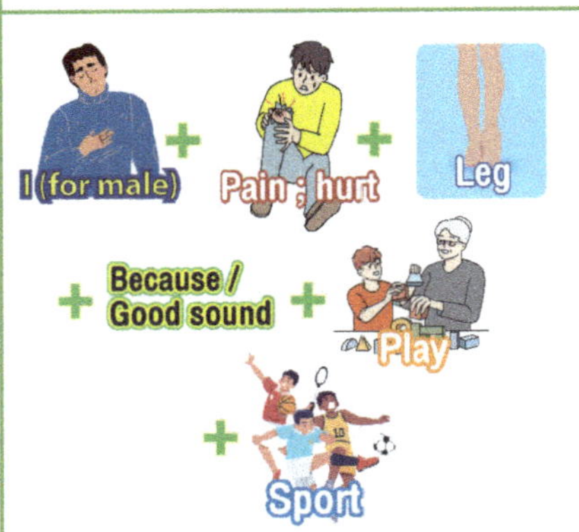 My leg(s) hurt(s) because of playing sport(s).	 My arm(s) also hurt(s) because of playing sport(s).
ปวดฟันต้องกินยามั้ย Bpùuat fan dtông gin yaa mái	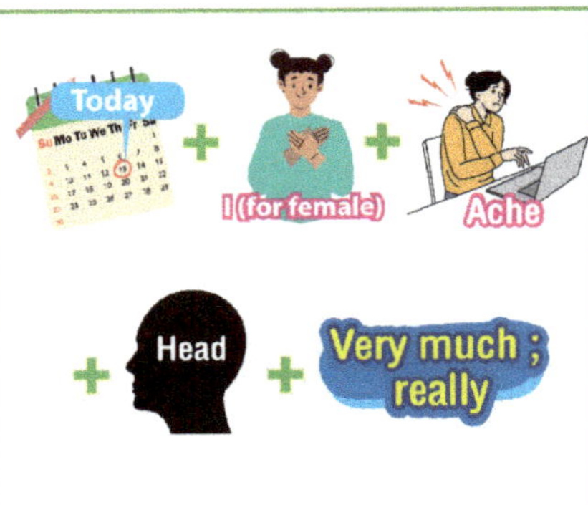 Today my head really hurts. (Today I have a terrible headache.)	 I have toothache. (Do I) need to take medicine?
เขาถามว่าปวดแขนใช่มั้ย Kǎo tǎam wâa bpùuat kǎen châi mái	 She answered that her leg(s) hurt more.	 He asked if (your) arm(s) hurt.

Thai Sentence ประโยคภาษาไทย	Choice 1 ตัวเลือกที่ 1	Choice 2 ตัวเลือกที่ 2
ผมพูดผิด จริง ๆ แล้ว ผมไม่ปวด Pǒm pôot pìt Jing jing láew pǒm mâi bpùuat	 I said it wrong. Actually, I do not feel any pain (ache).	 I really do not feel any pain (ache).
เจ็บที่ไหน เจ็บเมื่อไหร่ ตอบได้มั้ย Jèp têe nǎi Jèp mêuua rài Dtòp dâai mái	 Do you feel a lot of pain? (Does it hurt a lot?)	 Where and when do you feel the pain, can you answer? (Can you tell when and where does it hurt?)
เวลาไอ ต้องปิดปาก Way-laa ai dtông bpìt bpàak	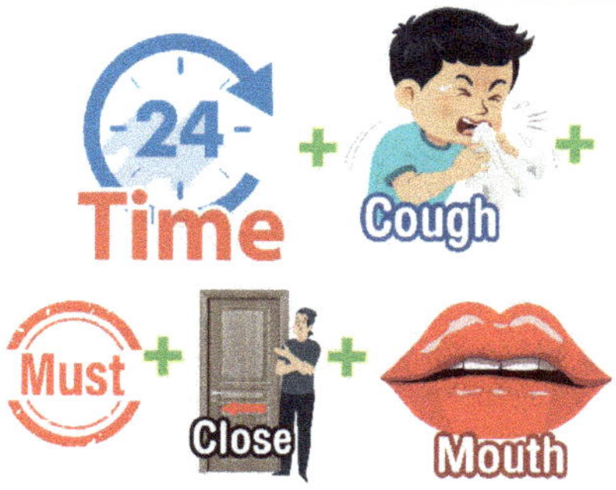 When coughing, (you) must keep (your) mouth closed.	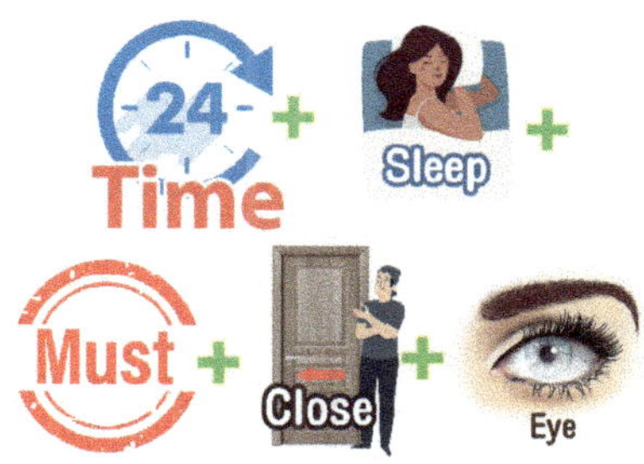 When sleeping, (you) must keep (your) eyes closed.
ถ้าเขามา ฉันจะไป Tâa kǎo maa Chǎn jà bpai	 If he comes, I will go/leave.	 If he does not come, then I will not go/leave.

Part 4 Say Thai Sentences from the given pictures.
ฝึกพูดภาษาไทยจากรูปภาพ

Picture รูปภาพ	Thai Transliteration คำอ่านภาษาไทย
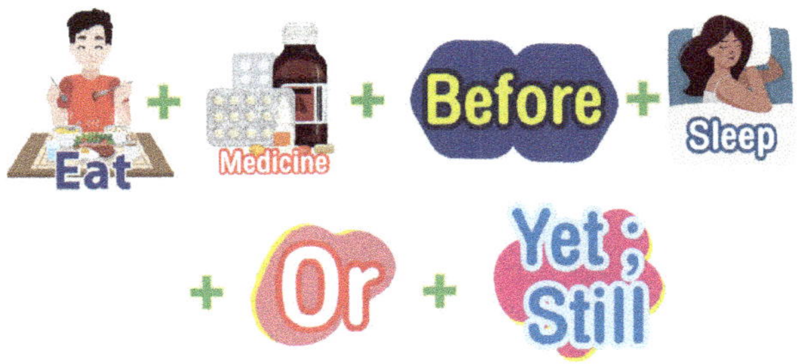	Gin yaa gòn non rěu yang
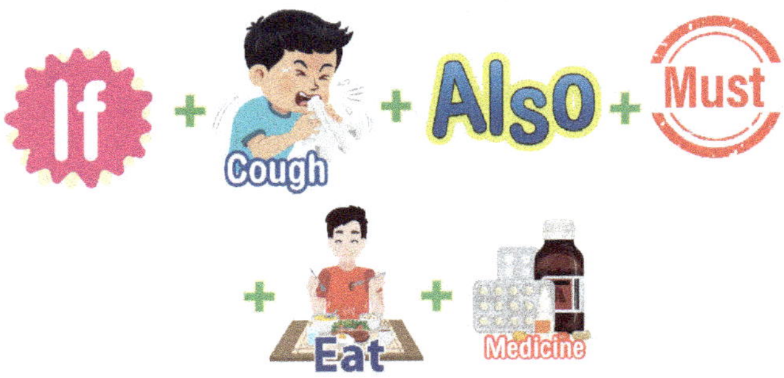	

Picture รูปภาพ	Thai Transliteration คำอ่านภาษาไทย

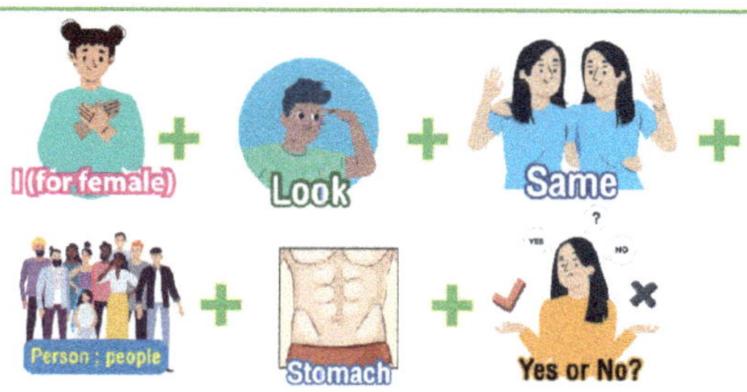	

Part 5 Make Thai sentences from below picture.
ฝึกพูดภาษาไทยจากภาพต่อไปนี้

In certain areas of Thailand, when people experience serious illnesses, the community embraces cultural practices beyond seeking medical help. These include making merit, offering prayers, and seeking blessings from respected elders. These cultural traditions offer comfort, hope, and a sense of unity during times of illness.

Your Sentence ประโยค	Example ตัวอย่าง
	คุณดีขึ้นมั้ย Kun dee kêun mái (Do you feel better?) ยังครับ ผมยังปวดท้อง Yang kráp Pǒm yang bpùuat tóng Not yet. I still have stomachache.

Your Sentence ประโยค	Example ตัวอย่าง
	วันนี้คุณกินยาหรือยัง Wan-née kun gin yaa rěu yang Today have you taken medicine yet? ถ้ากินแล้ว คุณจะดีขึ้น Tâa gin láew Kun jà dee kêun If you have taken (medicine) you will be better.

Part 6 Put these words in correct order.
สลับคำให้เป็นประโยคที่ถูกต้อง

1. ถาม / ถ้า / ก็ / ไม่ / รู้ / ต้อง
Tǎam / tâa / gôr / mâi / róo / dtông /

....

2. ถาม / เหมือน / เขา / คุณ
Tǎam / měuuan / kǎo / kun

....

3. อะไร / ฉัน / ผิด / พูด / เหรอ
À-rai / chǎn / pìt / pôot / rěr

....

4. ยัง / มา / ไม่ / ครู / คุณ / ทำไม
Yang / maa / mâi / kroo / kun / tam-mai

....

5. คุณ / ปวด / แขน / มือ / ปวด / หรือ
Kun / bpùuat / kǎen / meu / bpùuat / rěu

....

Part 7 Make sentences using these words.
แต่งประโยคจากคำที่กำหนด

1. ไอ (Ai)

....

2. หรือ (Rěu)

....

3. เหรอ (Rěr)

....

4. ถ้า (Tâa)

....

5. ขา (Kǎa)

....

TSLTK
THAI AS SECOND LANGUAGE TEACHING KIT

Part 8 Homework Match Thai sentences with their correct English translation.
จับคู่ประโยคภาษาไทยให้ตรงกับความหมายภาษาอังกฤษ

ถ้ารู้สึกปวดท้อง ต้องรีบบอกฉัน Tâa róo-sèuk bpùuat tóng Dtông rêep bòk chǎn	Your teeth are very beautiful.
เขาตอบว่าไม่รู้ Kǎo dtòp wâa mâi róo	If you have stomach ache, tell me right away.
ฟันของคุณสวยจัง Fan kǒng kun sǔuay jang	He answered that (he) did not know.
ยาที่คุณกินชื่ออะไร Yaa têe kun gin chêu à-rai	What is the name of the medicine that you take? (What medicine do you take?)
ผมเขียนไม่ได้เพราะเจ็บมือ Pǒm kǐian mâi dâai prór jèp meu	I cannot write because of hand pain.

Chapter 14

Part 1 Review chapter 13 : ทบทวนบทที่ 13

- Circle the word you hear from the teacher. วงคำที่ได้ยินจากผู้สอน
- Circle the word you know and say in Thai. วงคำที่รู้จักและพูดเป็นภาษาไทย
- Say sentences from these pictures. พูดประโยคจากรูปต่อไปนี้

Part 2 New Vocabulary : คำศัพท์ใหม่

Vocabulary คำศัพท์	Definition ความหมาย	Note เพิ่มเติม
 สี Sěe	*Verb, Noun* Colour	
 น้ำตาล Nám-dtaan	*Stative verb, Adjective* 1. Brown, (to be) brown *Noun* 2. Sugar	
 ฟ้า Fáa	*Stative verb, Adjective* 1. Light blue , (to be) light blue *Noun* 2. Sky	
 น้ำเงิน Náam-ngern	*Stative verb, Adjective* Dark blue, (to be) dark blue	
 เขียว Kǐieow	*Stative Verb, Adjective* Green, (to be) green	

Vocabulary คำศัพท์	Definition ความหมาย	Note เพิ่มเติม
 เหลือง Lěuuang	*Stative Verb, Adjective* Yellow , (to be) yellow	
 ส้ม Sôm	*Stative Verb, Adjective* 1. Orange, (to be) orange *Noun* 2. Orange (Fruit)	
 แดง Daeng	*Stative Verb, Adjective* Red, (to be) red	
 ขาว Kǎao	*Stative Verb, Adjective* White, (to be) white	
 ดำ Dam	*Stative Verb, Adjective* Black, (to be) black	

Vocabulary คำศัพท์	Definition ความหมาย	Note เพิ่มเติม
 เทา Tao	*Stative Verb, Adjective* Grey, (to be) grey	
 จันทร์ Jan	*Noun* 1. Monday 2. Moon	
 อังคาร Ang-kaan	*Noun* 1. Tuesday 2. Mars	
 พุธ Pút	*Noun* 1. Wednesday 2. Mercury	
 พฤหัส (บดี) Pá-réu-hàt (sà-bor-dee)	*Noun* 1. Thursday 2. Jupiter	
 ศุกร์ Sùk	*Noun* 1. Friday 2. Venus	

Vocabulary คำศัพท์	Definition ความหมาย	Note เพิ่มเติม
 เสาร์ Sǎo	*Noun* 1. Saturday 2. Saturn	
 อาทิตย์ Aa-tít	*Noun* 1. Sunday 2. Sun *Noun, classifier* 3. Week	
 สงกรานต์ Sǒng-graan	*Noun* Songkran (Thai New Year)	
 เที่ยว Tîieow	*Verb* (To) Travel, (to) go out	

Part 3 Listen to the given sentences and circle the correct meaning in English. ฟังภาษาไทย ฝึกแปลเป็นภาษาอังกฤษ

Thai Sentence ประโยคภาษาไทย	Choice 1 ตัวเลือกที่ 1	Choice 2 ตัวเลือกที่ 2
วันจันทร์ ผมจะใส่ หมวกสีเหลือง Wan jan pǒm jà sài mùuak sěe lěuuang	 On Monday I will wear yellow hat.	 Do you think that yellow hat is beautiful?
วันอังคาร ฉันขี่มอเตอร์ไซค์ สีน้ำเงิน Wan ang-kaan Chǎn kèe mor-dter-sai sěe náam ngern	 Have you ever ridden a motorcycle?	 On Tuesday I ride a dark blue motorcycle.
วันพุธนี้เป็น วันสงกรานต์ Wan pút née bpen wan sǒng-graan	 Tomorrow is Songkran day.	 This Wednesday is Songkran day.

Thai Sentence ประโยคภาษาไทย	Choice 1 ตัวเลือกที่ 1	Choice 2 ตัวเลือกที่ 2
วันพฤหัส ผมใส่กางเกงสีฟ้า Wan pá-réu-hàt pǒm sài gaang-geng sěe fáa	 What colour of shorts/trousers do you like?	 On Thursday I (will) wear blue shorts/trousers.
คุณจะไปหาเธอวันศุกร์หรือวันเสาร์ Kun jà bpai hǎa ter wan sùk rěu wan sǎo	 Are you going to see her on Saturday or Sunday?	 Are you going to see her on Friday or Saturday?
รองเท้าใหม่ของผมสีเทา Rong-táo mài kǒng pǒm sěe tao	 My new shoes are gray (colour).	 Yesterday I bought new shoes.
วันอาทิตย์ฉันจะไปเที่ยวกับพ่อแม่ Wan aa-tít chǎn jà bpai tîieow gàp pôr mâe	 On Sunday I will go traveling with (my) mum and dad.	 Can I (ask) to go traveling with you?

Thai Sentence ประโยคภาษาไทย	Choice 1 ตัวเลือกที่ 1	Choice 2 ตัวเลือกที่ 2
อาทิตย์หน้า ผมจะซื้อบ้าน ราคาสามล้าน ห้าแสนบาท Aa-tít nâa pǒm jà séu bâan raa-kaa sǎam-láan hâa-sǎen bàat	 Next week I will buy a house for (price) 3.5 million baht.	 Last week I was tired working.
ผมชอบ ใส่กางเกง สีขาวดำ Pǒm chôp sài gaang-geng sěe kǎao dam	 I like your white skirt.	 I like to wear black and white shorts/ trousers.
ฉันไม่มีเสื้อผ้า สีเขียว ส้ม หรือแดง Chǎn mâi mee sêuua-pâa sěe kǐieow sôm rěu daeng	 I do not have green, orange or red clothes.	 What colour of clothes do you have the most?
คุณไม่ชอบ รองเท้า สีน้ำตาลเหรอ Kun mâi chôp rong-táo sěe nám-dtaan rěr	 Where can I buy sugar?	 Do you not like brown (colour) shoes?

Part 4 Say Thai Sentences from the given pictures.
ฝึกพูดภาษาไทยจากรูปภาพ

Picture รูปภาพ	Thai Transliteration คำอ่านภาษาไทย
	Wan jan ang-kaan née chǎn dtông bpai tam-ngaan

<table>
<tr><th>Picture รูปภาพ</th><th>Thai Transliteration คำอ่านภาษาไทย</th></tr>
<tr><td>

</td><td></td></tr>
<tr><td>
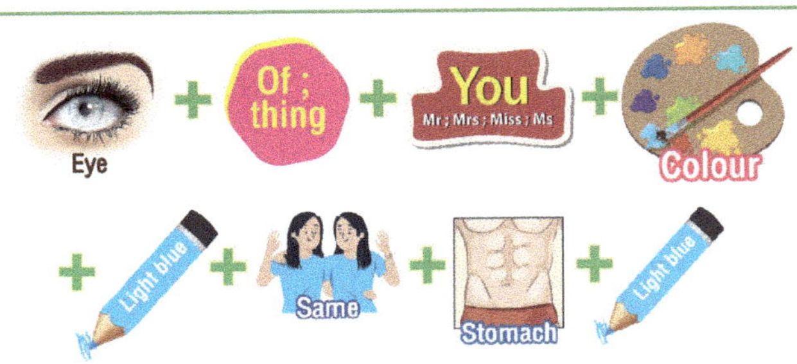

</td><td></td></tr>
<tr><td>

</td><td></td></tr>
<tr><td>

</td><td></td></tr>
<tr><td>

</td><td></td></tr>
<tr><td>

</td><td></td></tr>
</table>

Part 5 Make Thai sentences from below picture.
ฝึกพูดภาษาไทยจากภาพต่อไปนี้

Songkran is Thai New Year, which is on 13 April every year; and the public holiday extends from 14 to 15 April. Songkran celebrations are famous for making merit, offering food to the monks, pouring water on older relatives's hands and joining the public water fights framed as ritual cleansing.

Your Sentence ประโยค	Example ตัวอย่าง
	สวัสดีปีใหม่ไทย Sà-wàt-dee bpee mài tai Happy Thai New Year. เสื้อคุณเปียกมั้ย Sêuua kun bpìiak mái Is your shirt/t-shirt wet?

Your Sentence ประโยค	Example ตัวอย่าง
	เปียกค่ะ แต่ไม่เป็นไร Bpìiak kâ Dtàe mâi-bpen-rai It is wet but it is okay. ฉันมีเสื้อตัวใหม่อยู่ในรถยนต์ Chǎn mee sêuua dtuua mài yòo nai rót-yon I have a new shirt/t-shirt in the car.

Part 6 Translate these sentences to Thai.
แปลประโยคต่อไปนี้เป็นภาษาไทย

1. Orange juice is orange color.

....

2. Is the blue skirt expensive?

....

3. I do not like sugar, what about you?

....

4. Saturday and Sunday are holiday.

....

5. Have you ever been to Songkran in Thailand?

....

Part 7 Make sentences using these words.
แต่งประโยคจากคำที่กำหนด

1. เที่ยว (Tîieow)

....

2. วันศุกร์ (Wan sùk)

....

3. สี (Sěe)

....

4. ขาว (Kǎao)

....

5. ส้ม (Sôm)

....

Part 8 Homework Match the words to make complete sentences.
จับคู่ประโยคต่อเนื่อง

คุณรู้จักกีฬาสี Kun róo-jàk gee-laa sěe	สีเหลือง Sěe lěuuang
คุณชอบวันเสาร์ Kun chôp wan sǎo	ของใคร Kǒng krai
ร้านอาหารปิดทุก ๆ Ráan-aa-hǎan bpìt túk-túk	วันจันทร์ Wan jan
รองเท้าสีน้ำเงิน Rong-táo sěe náam-ngern	มั้ย Mái
ผลไม้อะไร Pǒn-lá-mái à-rai	หรือวันอาทิตย์ Rěu wan aa-tít

Chapter 15

Part 1 Review chapter 14 : ทบทวนบทที่ 14

- Circle the word you hear from the teacher. วงคำที่ได้ยินจากผู้สอน
- Circle the word you know and say in Thai. วงคำที่รู้จักและพูดเป็นภาษาไทย
- Say sentences from these pictures. พูดประโยคจากรูปต่อไปนี้

Part 2 New Vocabulary : คำศัพท์ใหม่

Vocabulary คำศัพท์	Definition ความหมาย	Note เพิ่มเติม
 Padthai ผัดไทย Pàt-tai	*Noun* Pad Thai	
 Fried rice ข้าวผัด Kâao pàt	*Noun* Fried rice	
 Tom yum ต้มยำ Dtôm-yam	*Noun* Tom yum	
 Papaya salad ส้มตำ Sôm-dtam	*Noun* Papaya salad	
 Curry แกง Gaeng	*Noun* 1. Curry, soup, stew *Verb* 2. (To) Make a curry	

Vocabulary คำศัพท์	Definition ความหมาย	Note เพิ่มเติม
 กุ้ง Gûng	*Noun* Prawn, shrimp	
 หมู Mŏo	*Noun* Pig, pork	
 เนื้อ Néuua	*Noun* 1. Beef 2. Meat	
 ไก่ Gài	*Noun* Chicken	
 ไข่ Kài	*Noun* Egg	

Vocabulary คำศัพท์	Definition ความหมาย	Note เพิ่มเติม
 Tofu เต้าหู้ Dtâo-hôo	*Noun* Tofu	
 Coriander ผักชี Pàk-chee	*Noun* Coriander	
 Spring onion ต้นหอม Dtôn-hǒm	*Noun* Spring onion	
 Mangosteen มังคุด Mang-kút	*Noun* Mangosteen	
 Rambutan เงาะ Ngór	*Noun* Rambutan	
 Durian ทุเรียน Tú-riian	*Noun* Durian	

Vocabulary คำศัพท์	Definition ความหมาย	Note เพิ่มเติม
 พริก Prík	*Noun* Chilli	
 เผ็ด Pèt	*Stative Verb, Adjective* (To be) Spicy	
 หวาน Wǎan	*Stative Verb, Adjective* (To be) Sweet	
 เค็ม Kem	*Stative Verb, Adjective* 1. (To be) Salty 2. (To be) Stingy	
 เปรี้ยว Bprîieow	*Stative Verb, Adjective* 1. (To be) Sour 2. (To be) Sexy, stylish	

Part 3 Listen to the given sentences and circle the correct meaning in English. ฟังภาษาไทย ฝึกแปลเป็นภาษาอังกฤษ

Thai Sentence ประโยคภาษาไทย	Choice 1 ตัวเลือกที่ 1	Choice 2 ตัวเลือกที่ 2
ขอผัดไทยกุ้ง 1 จาน Kǒr pàt-tai gûng nèung jaan	 *(I) take one dish of prawn Padthai.*	 *(I) take one dish of chicken fried rice.*
เอาต้มยำ ไม่เผ็ด 1 ถ้วย Ao dtôm-yam mâi pèt nèung tûuay	 *(I) take one bowl of non-spicy tom yum.*	 *(I) take one bowl of extra-spicy tom yum.*
จานนี้ข้าวผัดไข่ ของน้อง Jaan née kâao-pàt kài kǒng nóng	 *This dish is younger brother/ sister's pork fried rice*	 *This dish is younger brother/ sister's egg fried rice*

Thai Sentence ประโยคภาษาไทย	Choice 1 ตัวเลือกที่ 1	Choice 2 ตัวเลือกที่ 2
ส้มตำ เค็มเกินไป ไม่อร่อย Sôm-dtam kem gern-bpai Mâi à-ròi	 Papaya salad is too sour. It is not delicious.	 Papaya salad is too salty. It is not delicious.
ไม่เอา ต้นหอมผักชี Mâi ao dtôn-hǒm pàk-chee	 No spring onion and coriander.	 No chili and sugar.
เนื้อแพงกว่า หมูจริงเหรอ Néuua paeng gwàa mǒo Jing rěr	 Pork is more expensive than chicken, is this true?	 Beef is more expensive than pork, is this true?
จานนี้ มีพริกมั้ย Jaan née mee prík mái	 Does this dish have chili?	 This dish does not have any chili.

<table>
<tr><th>Thai Sentence
ประโยคภาษาไทย</th><th>Choice 1
ตัวเลือกที่ 1</th><th>Choice 2
ตัวเลือกที่ 2</th></tr>
<tr><td>เงาะเปรี้ยวมั้ย
Ngór bprîieow mái</td><td>

Thai fruits are delicious.</td><td>

Is rambutan sour?</td></tr>
<tr><td>มังคุดกับ
ทุเรียน
เป็นผลไม้ไทย
Mang-kút gàp
tú-riian bpen
pǒn-lá-mái tai</td><td>

Mangosteen and durian are Thai fruits.</td><td>

Have you ever eaten mangosteen or durian?</td></tr>
<tr><td>ผัดไทยต้องใส่
เต้าหู้กับกุ้งแห้ง
Pàt-tai dtông sài
dtâo-hôo gàp
gûng-hâeng</td><td>

Tofu and dried shrimps must be added to Pad Thai.</td><td>

Do you know dried shrimps?</td></tr>
<tr><td>แม่ทำ
แกงเขียวหวาน
ไก่
Mâe tam
gaeng-kǐieow-wǎan
gài</td><td>

Mum made chicken green curry.</td><td>

Mum's green curry is the most delicious.</td></tr>
</table>

Part 4 Say Thai Sentences from the given pictures.
ฝึกพูดภาษาไทยจากรูปภาพ

<table>
<tr><th>Picture รูปภาพ</th><th>Thai Transliteration คำอ่านภาษาไทย</th></tr>
<tr><td>

</td><td>Kâao-pàt sài dtâo-hôo dâai mái</td></tr>
<tr><td>

</td><td></td></tr>
<tr><td>

</td><td></td></tr>
<tr><td>

</td><td></td></tr>
<tr><td>

</td><td></td></tr>
</table>

<table>
<tr><th>Picture รูปภาพ</th><th>Thai Transliteration คำอ่านภาษาไทย</th></tr>
<tr><td>
</td><td></td></tr>
<tr><td>
</td><td></td></tr>
<tr><td>
</td><td></td></tr>
<tr><td>
</td><td></td></tr>
<tr><td>
</td><td></td></tr>
<tr><td>
</td><td></td></tr>
</table>

Part 5 Make Thai sentences from below picture.
ฝึกพูดภาษาไทยจากภาพต่อไปนี้

Culture note

Durian has the title 'King of Fruits' because of distinctive for its large size, rich flavour, strong odour, and thorn-covered rind.
Mangosteen is also known as the 'Queen of Fruits' due to its flavor which is the ideal balance of acidic and sweet along with its delicate texture.

Your Sentence ประโยค	Example ตัวอย่าง
	คุณเคยมาร้านอาหารนี้มั้ย Kun koiie maa ráan-aa-hǎan née mái Have you ever come to this restaurant? ข้าวผัดที่นี่อร่อยมั้ย Kâao-pàt têe nêe à-ròi mái Is fried rice here delicious?

Your Sentence ประโยค	Example ตัวอย่าง
	ผมไม่เคยมา แต่ผมคิดว่าอร่อย Pǒm mâi koiie maa Dtàe pǒm kít wâa à-ròi I have never come here but I think it is delicious. เพื่อนของผมชอบมากินที่นี่ Pêuuan kǒng pǒm chôp maa gin têe nêe My friend(s) like(s) to eat here.

Part 6 Translate these sentences to Thai.
แปลประโยคต่อไปนี้เป็นภาษาไทย

1. They do not eat pork.

   ....

2. I never eaten Durian.

   ....

3. In the evening, I eat spicy curry.

   ....

4. Do you sell mangosteen juice?

   ....

5. How much is prawn fried rice?

   ....

Part 7 Put these words in correct order.
สลับคำให้เป็นประโยคที่ถูกต้อง

1. เผ็ด / กิน / คุณ / ได้ / มั้ย
Pèt / gin / kun / dâai / mái

....

2. ไม่ / กิน / กิน/ หมู / ผม / เนื้อ / แต่
Mâi / gin / gin / mǒo / pǒm / néuua / dtàe

....

3. ผม / น้อง / ของ / กิน / ชอบ / หวาน / ขนม
Pǒm / nóng / kǒng / gin / chôp / wǎan / kà-nǒm

....

4. ข้าง / นอก / เหลือง / ทุเรียน / สี / เขียว / ข้าง / ใน / สี
Kâang / nôk / lěuuang / tú-riian / sěe / kǐieow / kâang / nai / sěe

....

5. หวาน / น้อย / เพราะ / น้ำ / ไม่/ ใส่ / ผลไม้ / น้ำตาล
Wǎan/ nói/ prór/ náam/ mâi/ sài/ pǒn-lá-mái/ nám dtaan

....

Part 8 Homework Make sentences using these words.

แต่งประโยคจากคำที่กำหนด

1. เนื้อ (Néuua)

   ....

2. เผ็ด (Pèt)

   ....

3. ไข่ (Kài)

   ....

4. ทุเรียน (Tú-riian)

   ....

5. เค็ม (Kem)

   ....

Part 9 Review chapter 15 : ทบทวนบทที่ 15

- Circle the word you hear from the teacher. วงคำที่ได้ยินจากผู้สอน
- Circle the word you know and say in Thai. วงคำที่รู้จักและพูดเป็นภาษาไทย
- Say sentences from these pictures. พูดประโยคจากรูปต่อไปนี้

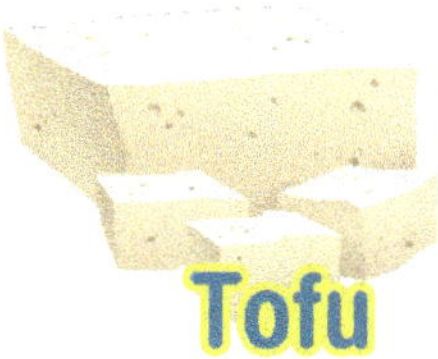

Appendix
ภาคผนวก

Appendix
ภาคผนวก

Chapter 1 / บทที่ 1

Vocabulary คำศัพท์	Transliteration with tone mark	IPA	Definition ความหมาย
 สวัสดี Sà-wàt-dee	Sà-wàt-dee	sà wàt di:	*Interjection* 1. Hello, Hi, Good morning, Good afternoon 2. Goodbye
Polite ending word for female ค่ะ Kâ	Kâ	k^{h}âʔ	*Particle* ‼ No direct translation It is a particle used by female speakers at the end of sentences to make them more polite.
Polite ending word for male ครับ Kráp	Kráp	k^{h}ráp	*Particle* ‼ No direct translation It is a particle used by male speakers at the end of sentences to make them more polite.
 ขอบคุณ Kòp-kun	Kòp-kun	k^{h}ɔ̀:p k^{h}un	*Verb* Thank you.

Vocabulary คำศัพท์	Transliteration with tone mark	IPA	Definition ความหมาย
 ขอโทษ Kor-toht	Kŏr-tôht	Kŏr-tôht	*Interjection* 1. sorry 2. Excuse me
 ไม่เป็นไร Mai-bpen-rai	Mâi-bpen-rai	mâj pen raj	*Sentence* 1. It's Okay. 2. It's all right. 3. It's doesn't matter.
 ฉัน Chan	Chăn	tɕʰăn	*Personal Pronoun* I , me (for female)
 ผม Pom	Pŏm	pʰŏm	*Personal Pronoun* 1. I, me (for male) *Noun* 2. Hair
 คุณ Kun	Kun	kʰun	*Personal Pronoun* 1. You *Title* 2. Mr, Mrs, Miss, Ms

Vocabulary คำศัพท์	Transliteration with tone mark	IPA	Definition ความหมาย
 พ่อ Por	Pôr	pʰɔ̂ː	*Noun* Father, dad
 แม่ Mae	Mâe	mɛ̂ː	*Noun* Mother, mum, mom
 เพื่อน Peuuan	Pêuuan	pʰɯ̂ːan	*Noun* Friend
 แฟน Faen	Faen	fɛːn	*Noun* 1. Girlfriend, boyfriend, partner 2. Fan, supporter
 ภรรยา Pan-ra-yaa	Pan-rá-yaa	pʰan rá jaː	*Noun* Wife
 สามี Saa-mee	Săa-mee	sǎː miː	*Noun* Husband

Vocabulary คำศัพท์	Transliteration with tone mark	IPA	Definition ความหมาย
 ชื่อ Cheu	Chêu	tɕʰɯ̂ː	*Noun* Name
 อะไร A-rai	À-rai	ʔàʔ raj	*Interrogative* What
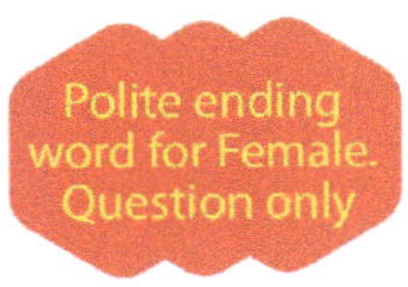 คะ Ka	Ká	kʰáʔ	*Particle* ‼ No direct translation It is a particle used by female speakers at the end of questions to make them more polite.
 สบายดี Sa-baai dee	Sà-baai dee	sà baːj diː	*Stative Verb* (To be) Fine, (to be) well, (to be) happy
 ไหม / มั้ย Mai / mai	Măi / mái	mǎj/ máj	*Particle* ‼ No direct translation It is a particle used to turn a statement into a question, similar to a question mark.

TSLTK
THAI AS SECOND LANGUAGE TEACHING KIT

Chapter 2 / บทที่ 2

Vocabulary คำศัพท์	Transliteration with tone mark	IPA	Definition ความหมาย
0 ศูนย์ Soon	Sŏon	sǔːn	*Noun* Zero
1 หนึ่ง Neung	Nèung	nɯ̀ŋ	*Interjection* One
2 สอง Song	Sŏng	sɔ̌ːŋ	*Noun* Two
3 สาม Saam	Săam	sǎːm	*Noun* Three
4 สี่ See	Sèe	sìː	*Noun* Four

Vocabulary คำศัพท์	Transliteration with tone mark	IPA	Definition ความหมาย
5 ห้า Haa	Hâa	hâ:	*Noun* Five
6 หก Hok	Hòk	hòk	*Noun* Six
7 เจ็ด Jet	Jèt	tɕèt	*Noun* Seven
8 แปด Bpaet	Bpàet	pɛ̀:t	*Noun* Eight
9 เก้า Gao	Gâo	kâ:w	*Noun* Nine

Vocabulary คำศัพท์	Transliteration with tone mark	IPA	Definition ความหมาย
10 สิบ Sip	Sìp	sìp	*Noun* Ten
 อายุ Aa-yu	Aa-yú	ʔaː júʔ	*Noun* Age
 เท่าไร / เท่าไหร่ Tao-rai	Tâo-rai / Tâo-rài	tʰâw raj/ tʰâw ràj	*Interrogative* How much
 กี่ Gee	Gèe	kìː	*Interrogative* How many
 เอ็ด Et	Èt	ʔèt	*Noun* Used to replace 1 (Neung) when it is the final digit in a compound number

Vocabulary คำศัพท์	Transliteration with tone mark	IPA	Definition ความหมาย
Two - as in 20, 21, 22... 21...29 ยี่ Yee	Yêe	jî:	*Noun* Two (used in 20-29 only)
Hundred 100 ร้อย Roi	Rói	rɔ́:j	*Noun* Hundred
Thousand 1,000 พัน Pan	Pan	p^{h}an	*Noun* Thousand
Ten thousand 10,000 หมื่น Meun	Mèun	mɯ̀:n	*Noun* Ten thousand
Hundred thousand 100,000 แสน Saen	Săen	sɛ̌:n	*Noun* Hundred thousand

Vocabulary คำศัพท์	Transliteration with tone mark	IPA	Definition ความหมาย
Million 1,000,000 ล้าน Laan	Láan	lá:n	*Noun* Million
 ปี Bpee	Bpee	pi:	*Noun, Classifier* Year
 ราคา Raa-kaa	Raa-kaa	ra: k^ha:	*Noun* Price, cost, value
 บาท Baat	Bàat	bà:t	*Noun* Official currency of Thailand
 เหรียญ Riian	Rĭian	rǐ:an	*Noun* 1. Coin 2. Dollar

Vocabulary คำศัพท์	Transliteration with tone mark	IPA	Definition ความหมาย
 แบงก์ Baeng	Báeng	bɛ́ːŋ	*Noun* 1. Bank note 2. Bank
 ขอ Kor	Kŏr	kʰɔ̌ː	*Verb* (To) Request, (to) ask for
 มี Mee	Mee	miː	*Verb* (To) Have

Chapter 3 / บทที่ 3

Vocabulary คำศัพท์	Transliteration with tone mark	IPA	Definition ความหมาย
 ชอบ Chop	Chôp	tɕʰɔ̂ːp	*Verb* (To) Like
 ดื่ม Deum	Dèum	dɯ̀ːm	*Verb* (To) Drink
 กิน Gin	Gin	kiǹ	*Verb* (To) Eat
 อัน An	An	ʔan	*Noun, Classifier* Piece
 นี้ / นี่ Nee	Née / nêe	níː/ nîː	*Demonstrative Pronoun* 1. This, these *Adjective* 2. This, these

Vocabulary คำศัพท์	Transliteration with tone mark	IPA	Definition ความหมาย
 นั้น / นั่น Nan	Nán / nân	nán / nân	*Demonstrative Pronoun* 1. That, those *Adjective* 2. That, those
 น้ำ Naam	Náam	náːm	*Noun* Water, liquid
 ข้าว Kaao	Kâao	kʰâːw	*Noun* 1. Rice 2. Meal
 ก๋วยเตี๋ยว Guuay-dtiieow	Gŭuay-dtĭieow	kŭaj tǐːaw	*Noun* Noodles
 เรียน Riian	Riian	riːan	*Verb* (To) Learn, (to) study

Vocabulary คำศัพท์	Transliteration with tone mark	IPA	Definition ความหมาย
 ภาษา Paa-saa	Paa-săa	pʰaː sǎː	*Noun* Language
 ไทย Tai	Tai	tʰaj	*Noun, Adjective* Thai
 ไม่ Mai	Mâi	mâj	*Adverb, Auxiliary* No, not
 เอา Ao	Ao	ʔaw	*Verb* 1. (To) Want, (to) desire 2. (To) Take, (to) bring
 ใคร Krai	Krai	kʰraj	*Interrogative* Who

Vocabulary คำศัพท์	Transliteration with tone mark	IPA	Definition ความหมาย
 พี่ Pee	Pêe	p^{h}îː	*Noun* Older brother, older sister
 น้อง Nong	Nóng	nɔ́ːŋ	*Noun* Younger brother, younger sister
 ครู Kroo	Kroo	k^{h}ruː	*Noun* Teacher
And ; With กับ Gap	Gàp	kàp	*Preposition* 1.And 2.With
 มาก Maak	Mâak	mâːk	*Adverb* A lot, very, very much

Chapter 4 / บทที่ 4

Vocabulary คำศัพท์	Transliteration with tone mark	IPA	Definition ความหมาย
 ใช่ Chai	Châi	tɕ^{h}âj	*Interjection* Yes
 ก็ Gor	Gôr	kɔ̂ː	*Adverb* 1. Also *Conjunction* 2. Then, so
 และ Lae	Láe	lɛ́ʔ	*Conjunction* And
 พวก Puuak	Pûuak	p^{h}ûːak	*Classifier* Group
 เขา Kao	Kăo	k^{h}ǎw	*Personal Pronoun* He, him

Vocabulary คำศัพท์	Transliteration with tone mark	IPA	Definition ความหมาย
 เธอ Ter	Ter	tʰɤː	*Personal Pronoun* She, her
 เรา Rao	Rao	raw	*Personal Pronoun* We, us
 เสื้อผ้า Seuua-paa	Sêuua-pâa	sɯ̂ːa pʰâː	*Noun* Clothes
 ผัก Pak	Pàk	pʰàk	*Noun* Vegetable
 ผลไม้ Pon-la-mai	Pŏn-lá-mái	pʰŏn lá máːj	*Noun* Fruit

Vocabulary คำศัพท์	Transliteration with tone mark	IPA	Definition ความหมาย
 สัตว์เลี้ยง Saat-liiang	Sàt-líiang	sàt lí:aŋ	*Noun* Pet
 เครื่องดื่ม Kreuuang-deum	Krêuuang-dèum	kʰrɯ̂:aŋ dɯ̀:m	*Noun* Drink, beverage
 แก้ว Gaew	Gâew	kɛ̂:w	*Noun, Classifier* Glass
 ขนม Ka-nom	Kà-nŏm	kʰà nŏm	*Noun* Snack
 คน Kon	Kon	kʰon	*Noun, Classifier* Person, people *Verb* (To) Stir, (to) mix

Vocabulary คำศัพท์	Transliteration with tone mark	IPA	Definition ความหมาย
 ชิ้น Chin	Chín	tɕʰín	*Classifier* Piece
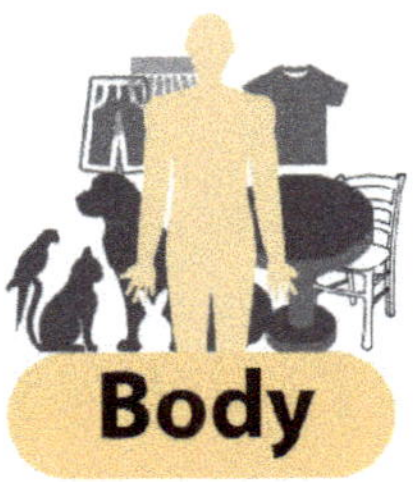 ตัว Dtuua	Dtuua	tuːa	*Noun, Classifier* Body
 จาน Jaan	Jaan	tɕaːn	*Noun, Classifier* Plate, dish
 ชาม Chaam	Chaam	tɕʰaːm	*Noun, Classifier* Bowl
 ถ้วย Tuuay	Tûuay	tʰûaj	*Noun, Classifier* Cup, bowl

Chapter 5 / บทที่ 5

Vocabulary คำศัพท์	Transliteration with tone mark	IPA	Definition ความหมาย
 ได้ Daai	Dâai	dâj	*Secondary Verb* Can
 ที่ Tee	Têe	tʰîː	*Preposition* 1. At, to *Relative Pronoun* 2. That, which, who
 ไหน Nai	Năi	nǎj	*Interrogative* Where, which
 อยู่ Yoo	Yòo	jùː	*Verb* 1. (To) Be (at) 2. (To) Stay
 ไป Bpai	Bpai	paj	*Verb* (To) Go

Vocabulary คำศัพท์	Transliteration with tone mark	IPA	Definition ความหมาย
 มา Maa	Maa	maː	*Verb* (To) Come
 จาก Jaak	Jàak	tɕàːk	*Preposition* From
 บ้าน Baan	Bâan	bâːn	*Noun* Home, house
 ประเทศ Bpra-tet	Bprà-têt	pràʔ t^{h}êːt	*Noun* Country
 ร้านอาหาร Raan aa-haan	Ráan-aa-hǎan	ráːn ʔaː hǎːn	*Noun* Restaurant

Vocabulary คำศัพท์	Transliteration with tone mark	IPA	Definition ความหมาย
 ร้านค้า Raan-kaa	Ráan-káa	rá:n kʰá:	*Noun* Store, shop
 โรงพยาบาล Rohng-pa-yaa-baan	Rohng-pá-yaa-baan	ro:ŋ pʰá ja: ba:n	*Noun* Hospital
 สถานี Sa-taa-nee	Sà-tăa-nee	sà tʰă: ni:	*Noun* Station
 รถไฟ Rot-fai	Rót-fai	rót faj	*Noun* Train
 สนามบิน Sa-naam-bin	Sà-năam-bin	sà nă:m bin	*Noun* Airport

Vocabulary คำศัพท์	Transliteration with tone mark	IPA	Definition ความหมาย
 ตลาด Dta-laat	Dtà-làat	tà là:t	*Noun* Market
 โรงแรม Rohng-raem	Rohng-raem	ro:ŋ rɛ:m	*Noun* Hotel
 ของ Kong	Kŏng	kʰɔ̌:ŋ	*Preposition* 1. Of *Noun* 2. Thing
 ซื้อ Seu	Séu	sɯ́ː	*Verb* (To) Buy
 ขาย Kaai	Kăai	kʰǎ:j	*Verb* (To) Sell

Chapter 6 / บทที่ 6

Vocabulary คำศัพท์	Transliteration with tone mark	IPA	Definition ความหมาย
 เป็น pben	Bpen	pen	*Verb* 1. To be (for status) *Secondary Verb* 2. Can
 อย่างไร / ยังไง Yaang-rai / Yang-ngai	Yàang-rai / yang-ngai	jàːŋ raj/ jaŋ ŋaj	*Interrogative* How
 ดี Dee	Dee	diː	*Stative Verb,* *Adjective* (To be) Good
 ใหญ่ Yai	Yài	jàj	*Stative Verb,* *Adjective* (To be) Big
 เล็ก Lek	Lék	lék	*Stative Verb,* *Adjective* (To be) Small

Vocabulary คำศัพท์	Transliteration with tone mark	IPA	Definition ความหมาย
 อร่อย A-roi	À-ròi	ʔà rɔ̀ːj	*Stative Verb, Adjective* (To be) Delicious
 ร้อน Ron	Rón	rɔ́ːn	*Stative Verb, Adjective* (To be) Hot
 เย็น Yen	Yen	jen	*Stative Verb, Adjective* 1. (To be) Cold, (to be) cool *Noun* 2. Evening
 หนาว Naao	Nǎao	nǎːw	*Stative Verb, Adjective* (To be) Cold
 ดีใจ Dee-jai	Dee-jai	diː tɕaj	*Stative Verb, Adjective* (To be) Happy

Vocabulary คำศัพท์	Transliteration with tone mark	IPA	Definition ความหมาย
 เสียใจ Siia-jai	Sĭia-jai	sǐːa tɕaj	*Stative Verb, Adjective* 1. (To be) Sad 2. (To be) Sorry
 สวย Suuay	Sŭuay	sŭaj	*Stative Verb, Adjective* (To be) Beautiful
 หล่อ Lor	Lòr	lɔ̀ː	*Stative Verb, Adjective* (To be) Handsome
 น่ารัก Naa-rak	Nâa-rák	nâː rák	*Stative Verb, Adjective* 1. (To be) Cute 2. (To be) Lovely
 เกินไป Gern-bpai	Gern-bpai	kɤːn paj	*Adverb* Too much

Vocabulary คำศัพท์	Transliteration with tone mark	IPA	Definition ความหมาย
Already แล้ว Laew	Láew	lɛ́ːw	*Adverb* 1. Already *Conjunction* 2. Then
What about ... ? แล้ว .... ล่ะ Laew .... la	Láew ... là	lɛ́ːw…làʔ	*Interrogative* What about ... ?
But แต่ Dtae	Dtàe	tɛ̀ː	*Conjunction* But
Ever เคย Koiie	Koiie	k^{h}ɤːj	*Adverb, Auxiliary* Ever
 ทำไม Tam-mai	Tam-mai	t^{h}am maj	*Interrogative* Why

Chapter 7 / บทที่ 7

Vocabulary คำศัพท์	Transliteration with tone mark	IPA	Definition ความหมาย
 วันนี้ Wan-nee	Wan-née	wan ní:	*Noun* Today
 พรุ่งนี้ Prung-nee	Prûng-née	p^{h}rûŋ ní:	*Noun* Tomorrow
 เมื่อวาน Meuua-waan	Mêuua-waan	mɯ̂:a wa:n	*Noun* Yesterday
 ตอนเช้า Dton-chao	Dton-cháo	tɔ:n tɕ^{h}á:w	*Noun* Morning
 ตอนบ่าย Dton-baai	Dton-bàai	tɔ:n bà:j	*Noun* Afternoon

Vocabulary คำศัพท์	Transliteration with tone mark	IPA	Definition ความหมาย
 ตอนเย็น Dton-yen	Dton-yen	tɔːn jen	*Noun* Evening
 ตอนนี้ Dton-nee	Dton-née	tɔːn níː	*Adverb* Now
 ทีหลัง Tee-lang	Tee-lăng	t^{h}iː lǎŋ	*Adverb* Later
 เวลา Way-laa	Way-laa	weː laː	*Noun* Time
 โมง Mohng	Mohng	moːŋ	*Noun* O'clock

Vocabulary คำศัพท์	Transliteration with tone mark	IPA	Definition ความหมาย
 ชั่วโมง Chuua-mohng	Chûua-mohng	tɕʰûːa moːŋ	*Noun, Classifier* Hour
 นาที Naa-tee	Naa-tee	naː tʰiː	*Noun, Classifier* Minute
 วัน Wan	Wan	wan	*Noun, Classifier* Day
 สัปดาห์ Sap-daa	Sàp-daa	sàp daː	*Noun, Classifier* Week
 เดือน Deuuan	Deuuan	dɯːan	*Noun, Classifier* Month

Vocabulary คำศัพท์	Transliteration with tone mark	IPA	Definition ความหมาย
 รอ Ror	Ror	rɔː	*Verb* Wait
 ทุก ๆ Tuk-tuk	Túk-túk	t^{h}úk t^{h}úk	*Quantifier* Every
 ทั้งหมด Tang-mot	Táng-mòt	t^{h}áŋ mòt	*Adverb* All
 รู้จัก Roo-jak	Róo-jàk	rúː tɕàk	*Verb* (To) Know (someone or something)
 เมื่อไร / เมื่อไหร่ Meuua-rai	Mêuua-rai / mêuua-rài	mɯ̂ːa raj/ mɯ̂ːa ràj	*Interrogative* When

Chapter 8 / บทที่ 8

Vocabulary คำศัพท์	Transliteration with tone mark	IPA	Definition ความหมาย
 เห็น Hen	Hĕn	hĕn	*Verb* (To) See
 มอง Mong	Mong	mɔ:ŋ	*Verb* (To) Look
 ดู Doo	Doo	du:	*Verb* 1. (To) Watch 2. (To) Seem
 ฟัง Fang	Fang	faŋ	*Verb* (To) Listen
 พูด Poot	Pôot	p^{h}û:t	*Verb* (To) Speak, (to) talk, (to) say

Vocabulary คำศัพท์	Transliteration with tone mark	IPA	Definition ความหมาย
 อ่าน Aan	Àan	ʔàːn	*Verb* (To) Read
 เขียน Kiian	Kĭian	k^{h}ǐːan	*Verb* (To) Write
 หนังสือ Nang-seu	Năng-sĕu	năŋ sɯ̌ː	*Noun* Book
 เพลง Pleng	Pleng	p^{h}leːŋ	*Noun* Song
 หนัง Naang	Năng	năŋ	*Noun* 1. Movie 2. Skin

Vocabulary คำศัพท์	Transliteration with tone mark	IPA	Definition ความหมาย
 นั่ง Nang	Nâng	nâŋ	*Verb* (To) Sit
 เล่น Len	Lên	lên	*Verb* (To) Play
 นอน Non	Non	nɔːn	*Verb* (To) Sleep
 เปิด Bpert	Bpèrt	pɤ̀ːt	*Verb* 1. (To) Open 2. (To) Switch on
 ปิด Bpit	Bpìt	pìt	*Verb* 1. (To) Close 2. (To) Switch off

Vocabulary คำศัพท์	Transliteration with tone mark	IPA	Definition ความหมาย
 ทำงาน Tam-ngaan	Tam-ngaan	tʰam ŋaːn	*Verb* (To) Work
 หยุด Yut	Yùt	jùt	*Verb* (To) Stop
 เดิน Dern	Dern	dɤːn	*Verb* (To) Walk
 วิ่ง Wing	Wîng	wîŋ	*Verb* (To) Run
 กีฬา Gee-laa	Gee-laa	kiː laː	*Noun* Sport

Chapter 9 / บทที่ 9

Vocabulary คำศัพท์	Transliteration with tone mark	IPA	Definition ความหมาย
 ตรงนี้ Dtrong-nee	Dtrong-née	troŋ níː	*Adverb* Here, this place
 In ใน Nai	Nai	naj	*Preposition* In
 Out นอก Nok	Nôk	nɔ̂ːk	*Preposition* Out
 ซ้าย Saai	Sáai	sáːj	*Preposition* Left
 ขวา Kwaa	Kwǎa	k^hwǎː	*Preposition* Right

Vocabulary คำศัพท์	Transliteration with tone mark	IPA	Definition ความหมาย
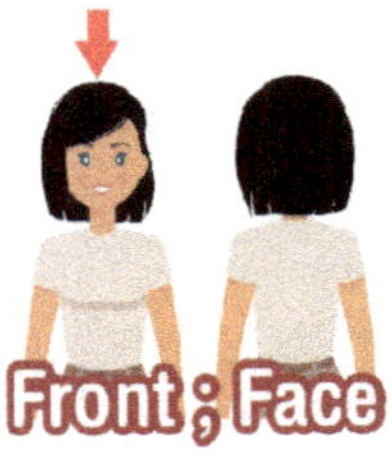 หน้า Naa	Nâa	nâː	*Preposition* 1. Front *Preposition* 2. Face
 หลัง Lang	Lăng	lăŋ	*Preposition* 1. Behind 2. After *Noun* 3. Back
 บน Bon	Bon	bon	*Preposition* Above, on
 ล่าง Laang	Lâang	lâːŋ	*Preposition* Below
 ใกล้ Glai	Glâi	klâj	*Stative Verb, Adjective* (To be) Close

Vocabulary คำศัพท์	Transliteration with tone mark	IPA	Definition ความหมาย
 ไกล Glaaii	Glai	klaj	*Stative Verb, Adjective* (To be) Far
 ข้าง Kaang	Kâang	kʰâːŋ	*Noun* 1. Side *Noun* 2. Next to, at the side of
 ห้อง Hong	Hông	hɔ̂ːŋ	*Noun, Classifier* Room
 หา Haa	Hăa	hǎː	*Verb* (To) Search, (to) find, (to) look for
 เจอ Jer	Jer	tɕɤː	*Verb* (To) Meet

Vocabulary คำศัพท์	Transliteration with tone mark	IPA	Definition ความหมาย
 คิด Kit	Kít	kʰít	*Verb* (To) Think
 รู้ Roo	Róo	rúː	*Verb* (To) Know
 ว่า Waa	Wâa	wâː	*Conjunction* ... that ...
 ผู้หญิง Poo-ying	Pôo-yǐng	pʰûː jǐŋ	*Noun* Female, woman
 ผู้ชาย Poo-chaai	Pôo-chaai	pʰûː tɕʰaːj	*Noun* Male, man

Chapter 10 / บทที่ 10

Vocabulary คำศัพท์	Transliteration with tone mark	IPA	Definition ความหมาย
 กำลัง Gam-lang	Gam-lang	kam laŋ	*AdverbAuxiliary* 1. It is an auxiliary used to put the verb in the present continuous tense. *Noun* 2. Power, energy
 ทำ Tam	Tam	t^{h}am	*Verb* 1. (To) Do 2. (To) Make
 อาบน้ำ Aap-naam	Àap-náam	ʔà:p ná:m	*Verb* (To) Shower
 แต่งตัว Dtaeng-dtuua	Dtàeng-dtuua	tɛ̀ŋ tu:a	*Verb* (To) Get dressed
 หมวก Muuak	Mùuak	mù:ak	*Noun* Hat, cap

Vocabulary คำศัพท์	Transliteration with tone mark	IPA	Definition ความหมาย
 แว่นตา Waen-dtaa	Wâen-dtaa	wɛ̂ːn taː	*Noun* Glasses
 กระโปรง Gra-bprohng	Grà-bprohng	kràʔ proːŋ	*Noun* Skirt
 กางเกง Gaang-geng	Gaang-geng	kaːŋ keːŋ	*Noun* Pants, trousers
 รองเท้า Rong-tao	Rong-táo	rɔːŋ t^háːw	*Noun* Shoes
 ใส่ Sai	Sài	sàj	*Verb* 1. (To) Wear, (to) put on 2. (To) Add, (to) apply, (to) put in

Vocabulary คำศัพท์	Transliteration with tone mark	IPA	Definition ความหมาย
 Take off ถอด Tot	Tòt	t^{h}ɔ̀ːt	*Verb* (To) Take off, (to) remove
Because / Good sound เพราะ Pror	Prór	p^{h}rɔ́ʔ	*Conjunction* 1. Because *Stative Verb, Adjective* 2. (To be) Good (when referring to a sound or song)
 Together ด้วยกัน Duuay-gan	Dûuay-gan	dûaj kan	*Adverb* Together
Will จะ Ja	Jà	tɕàʔ	*Adverb, Auxiliary* Will
 Tell บอก Bok	Bòk	bɔ̀ːk	*Verb* (To) Tell

Vocabulary คำศัพท์	Transliteration with tone mark	IPA	Definition ความหมาย
 เข้าใจ Kao-jai	Kâo-jai	kʰâw tɕaj	*Verb* (To) Understand
 ต้อง Dtong	Dtông	tɔ̂ŋ	*Adverb, Auxiliary* Must, have to
 เร็ว Reo	Reo	rew	*Stative Verb, Adjective* (To be) Fast, (to be) quick, (to be) speedy
 ช้า Chaa	Cháa	tɕʰáː	*Stative Verb, Adjective* (To be) Slow
 รีบ Reep	Rêep	rîːp	*Verb* (To) Hurry

Chapter 11 / บทที่ 11

Vocabulary คำศัพท์	Transliteration with tone mark	IPA	Definition ความหมาย
 รู้สึก Roo-suek	Róo-sèuk	rúː sɯ̀k	*Verb* (To) Feel
 เบื่อ Beuua	Bèuua	bɯ̀ːa	*Stative Verb, Adjective* (To be) Bored
 เหงา Ngao	Ngăo	ŋǎw	*Stative Verb, Adjective* (To be) Lonely
 เหนื่อย Neuuay	Nèuuay	nɯ̀ːaj	*Stative Verb, Adjective* (To be) Tired
 ตื่นเต้น Dteun-dten	Dtèun-dtên	tɯ̀ːn tên	*Stative Verb, Adjective* (To be) Excited

Vocabulary คำศัพท์	Transliteration with tone mark	IPA	Definition ความหมาย
 พัก Pak	Pák	p^{h}ák	*Verb* (To) Rest
 ลอง Long	Long	lɔːŋ	*Verb* (To) Try
 จัง Jang	Jang	tɕaŋ	*Adverb* Very much, really
 จริง Jing	Jing	tɕiŋ	*Stative Verb, Adjective, Adverb* 1. (To be) True, (to be) real *Adverb* 2. Truly, really
 กว่า Gwaa	Gwàa	kwàː	*Adverb* More

Vocabulary คำศัพท์	Transliteration with tone mark	IPA	Definition ความหมาย
 ที่สุด Tee-sut	Têe-sùt	tʰîː sùt	*Adverb* Most
 ขึ้น Keun	Kêun	kʰɯ̂n	*Verb* 1. (To) Go up, (to) rise, (to) increase 2. (To) Get in, (to) get on (for vehicles)
 ลง Long	Long	loŋ	*Verb* 1. (To) Go down, (to) reduce, (to) descend 2. (To) Get out off (for vehicles)
 น้อย Noi	Nói	nɔ́ːj	*Stative Verb, Adjective* (To be) Little, (to be) few
 ถูก Took	Tòok	tʰùːk	*Stative Verb, Adjective* 1. (To be) Cheap 2. (To be) Correct

Vocabulary คำศัพท์	Transliteration with tone mark	IPA	Definition ความหมาย
 แพง Paeng	Paeng	pʰɛːŋ	*Stative Verb,* *Adjective* (To be) Expensive
 เก่า Gao	Gào	kàw	*Stative Verb,* *Adjective* (To be) Old (for things)
 ใหม่ Mai	Mài	màj	*Stative Verb,* *Adjective* (To be) New
 หิว Hiw	Hǐw	hǐw	*Stative Verb,* *Adjective* (To be) Hungry
 อิ่ม Im	Ìm	ʔìm	*Stative Verb,* *Adjective* (To be) Full (for food)

TSLTK
THAI AS SECOND LANGUAGE TEACHING KIT

Chapter 12 / บทที่ 12

Vocabulary คำศัพท์	Transliteration with tone mark	IPA	Definition ความหมาย
 อากาศ Aa-gaat	Aa-gàat	ʔaː kàːt	*Noun* 1. Weather 2. Air
 ฝน Fon	Fŏn	fŏn	*Noun* Rain
 ตก Dtok	Dtòk	tòk	*Verb* (To) Fall, (to) drop
 แดด Daet	Dàet	dɛ̀ːt	*Noun* Sunlight
 ลม Lom	Lom	lom	*Noun* Wind

Vocabulary คำศัพท์	Transliteration with tone mark	IPA	Definition ความหมาย
 เปียก Bpiiak	Bpìiak	piːak	*Stative Verb, Adjective* (To be) Wet
 แห้ง Haeng	Hâeng	hɛ̂ːŋ	*Stative Verb, Adjective* (To be) Dry
 เข้า Kao	Kâo	kʰâw	*Verb* (To) Get into, (to) enter
 ออก Ok	Òk	ʔɔ̀ːk	*Verb* (To) Go out, (to) leave
 ก่อน Gon	Gòn	kɔ̀ːn	*Conjunction* Before

Vocabulary คำศัพท์	Transliteration with tone mark	IPA	Definition ความหมาย
 กลางวัน Glaang-wan	Glaang-wan	klaːŋ wan	*Noun* Daytime
 กลางคืน Glaang-keun	Glaang-keun	klaːŋ kʰɯːn	*Noun* Nighttime
 นาฬิกา Naa-li-gaa	Naa-lí-gaa	naː líʔ kaː	*Noun* 1. Clock, watch *Classifier* 2. O'clock (for when telling the time in the 24 hours system.)
 เครื่องบิน Kreuuang-bin	Krêuuang-bin	kʰrɯ̂ːaŋ bin	*Noun* Plane
 ตั๋ว Dtuua	Dtŭua	tǔːa	*Noun* Ticket

Vocabulary คำศัพท์	Transliteration with tone mark	IPA	Definition ความหมาย
 รถยนต์ Rot-yon	Rót-yon	rót jon	*Noun* Car
 รถเมล์ Rot-may	Rót-may	rót meː	*Noun* Bus
 มอเตอร์ไซค์ Mor-dter-sai	Mor-dter-sai	mɔː tɤː saj	*Noun* Motorcycle
Classifier for vehicles คัน Kan	Kan	kʰan	*Classifier* 1. ‼ No direct translation It is the classifier for cars and other vehicles except planes or boats. It is also the classifier for forks and spoons. *Verb* 2. (To) Itch
 ขี่ Kee	Kèe	kʰìː	*Verb* (To) Ride

Vocabulary คำศัพท์	Transliteration with tone mark	IPA	Definition ความหมาย
 Drive ขับ Kap	Kàp	k^hàp	*Verb* (To) Drive

Chapter 13 / บทที่ 13

Vocabulary คำศัพท์	Transliteration with tone mark	IPA	Definition ความหมาย
 ยัง Yang	Yang	jaŋ	*Adverb Auxiliary* Yet, still
 หรือ Reu	Rĕu	rɯ̌ː	*Conjunction* Or
 (Confirmation word) หรือ / เหรอ Reu / Rer	Rĕu / rĕr	rɯ̌ː/ rɤ̌ː	*!! No direct translation* It is a question particle used when seeking confirmation of something thought to be true, or to make a question sound softer.
 ผิด Pit	Pìt	p^{h}ìt	*Stative Verb, Adjective* (To be) Wrong, (to be) incorrect
 เหมือน Meuuan	Mĕuuan	mɯ̌ːan	*Stative Verb, Adjective* (To be) Same, (to be) like

Vocabulary คำศัพท์	Transliteration with tone mark	IPA	Definition ความหมาย
 ปวด Bpuuat	Bpùuat	pù:at	*Verb* (To) Ache
 เจ็บ Jep	Jèp	tɕèp	*Stative Verb, Adjective* (To be) Hurt, (to be) in pain
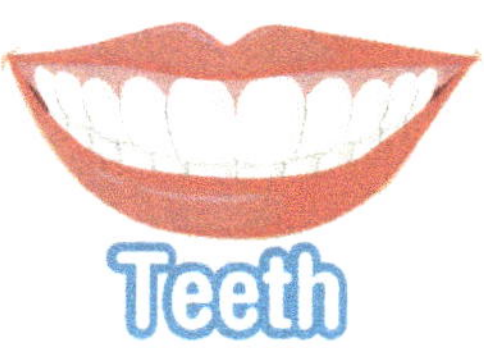 ฟัน Fan	Fan	fan	*Noun* Teeth, tooth
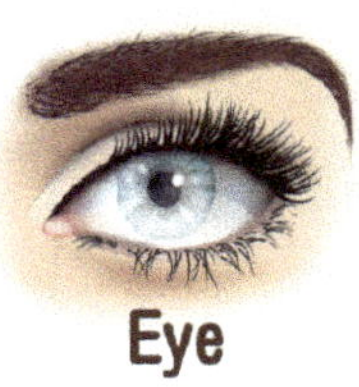 ตา Dtaa	Dtaa	ta:	*Noun* Eye
 หัว Huua	Hŭua	hŭ:a	*Noun* Head

Vocabulary คำศัพท์	Transliteration with tone mark	IPA	Definition ความหมาย
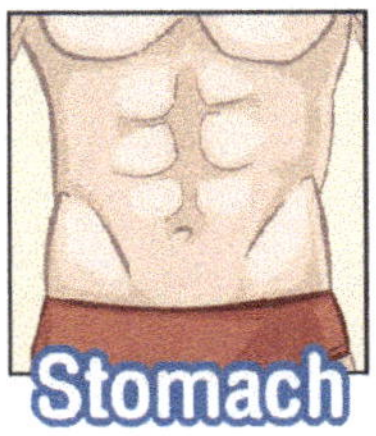 ท้อง Tong	Tóng	tʰɔ́ːŋ	*Noun* 1. Stomach *Stative Verb, Adjective* 2. (To be) Pregnant
 ปาก Bpaak	Bpàak	pàːk	*Noun* Mouth, lip
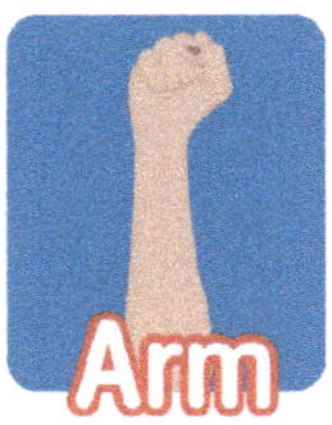 แขน Kaen	Kăen	kʰɛ̌ːn	*Noun* Arm
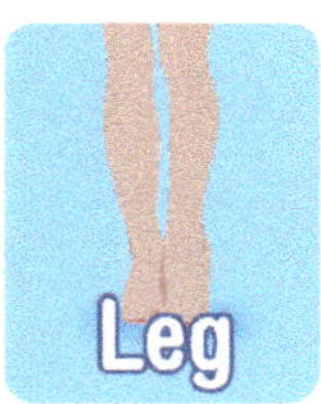 ขา Kaa	Kăa	kʰǎː	*Noun* Leg
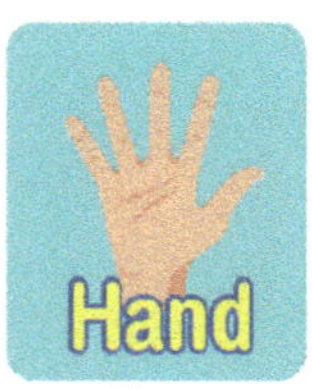 มือ Meu	Meu	mɯː	*Noun* Hand

Vocabulary คำศัพท์	Transliteration with tone mark	IPA	Definition ความหมาย
 ถ้า Taa	Tâa	tʰâː	*Conjunction* If
 ไอ Ai	Ai	ʔaj	*Verb* (To) Cough
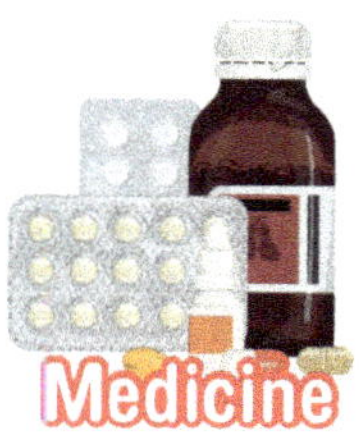 ยา Yaa	Yaa	jaː	*Noun* Medicine
 ถาม Taam	Tăam	tʰǎːm	*Verb* (To) Ask
 ตอบ Dtop	Dtòp	tɔ̀ːp	*Verb* (To) Answer

Chapter 14 / บทที่ 14

Vocabulary คำศัพท์	Transliteration with tone mark	IPA	Definition ความหมาย
 สี See	Sěe	sǐː	*Verb, noun* Colour
 น้ำตาล Nam-dtaan	Nám-dtaan	nám taːn	*Stative Verb, Adjective* 1. Brown, (to be) brown *Noun* 2. Sugar
 ฟ้า Faa	Fáa	fáː	*Stative Verb, Adjective* 1. Light blue, (to be) light blue *Noun* 2. Sky
 น้ำเงิน Naam-ngern	Náam-ngern	nám ŋɤn	*Stative Verb, Adjective* Dark blue, (to be) dark blue
 เขียว Kiieow	Kǐieow	kʰǐːaw	*Stative Verb, Adjective* Green, (to be) green

Vocabulary คำศัพท์	Transliteration with tone mark	IPA	Definition ความหมาย
 เหลือง Leuuang	Lěuuang	lɯ̌ːaŋ	*Stative Verb, Adjective* Yellow, (to be) yellow
 ส้ม Som	Sôm	sôm	*Stative Verb, Adjective* 1. Orange, (to be) orange *Noun* 2. Orange (Fruit)
 แดง Daeng	Daeng	dɛːŋ	*Stative Verb, Adjective* Red, (to be) red
 ขาว Kaao	Kǎao	k^{h}ǎːw	*Stative Verb, Adjective* White, (to be) white
 ดำ Dam	Dam	dam	*Stative Verb, Adjective* Black, (to be) black

Vocabulary คำศัพท์	Transliteration with tone mark	IPA	Definition ความหมาย
 เทา Tao	Tao	tʰaw	*Stative Verb, Adjective* Grey, (to be) grey
 จันทร์ Jan	Jan	tɕan	*Noun* 1. Monday 2. Moon
 อังคาร Ang-kaan	Ang-kaan	ʔaŋ kʰaːn	*Noun* 1. Tuesday 2. Mars
 พุธ Put	Pút	pʰút	*Noun* 1. Wednesday 2. Mercury
 พฤหัส(บดี) Pa-reu-hat (sa-bor-dee)	Pá-réu-hàt (sà-bor-dee)	pʰá ríʔ hàt (sà bɔː diː)	*Noun* 1. Thursday 2. Jupiter

Vocabulary คำศัพท์	Transliteration with tone mark	IPA	Definition ความหมาย
 ศุกร์ Suk	Sùk	sùk	*Noun* 1. Friday 2. Venus
 เสาร์ Sao	Săo	sǎw	*Noun* 1. Saturday 2. Saturn
 อาทิตย์ Aa-tit	Aa-tít	ʔaː tʰít	*Noun* 1. Sunday 2. Sun *Noun, classifier* 3. Week
 สงกรานต์ Song-graan	Sŏng-graan	sǒŋ kraːn	*Noun* Songkran (Thai New Year)
 เที่ยว Tiieow	Tîieow	tʰîːaw	*Verb* (To) Travel, (to) go out

Chapter 15 / บทที่ 15

Vocabulary คำศัพท์	Transliteration with tone mark	IPA	Definition ความหมาย
 Padthai ผัดไทย Pat-tai	Pàt-tai	pʰàt tʰaj	*Noun* Pad Thai
 Fried rice ข้าวผัด Kaao pat	Kâao-pàt	kʰâːw pʰàt	*Noun* Fried rice
 Tom yum ต้มยำ Dtom-yam	Dtôm-yam	tôm jam	*Noun* Tom yum
 Papaya salad ส้มตำ Som-dtam	Sôm-dtam	sôm tam	*Noun* Papaya salad
 Curry แกง Gaeng	Gaeng	kɛːŋ	*Noun* 1. Curry, soup, stew *Verb* 2. (To) Make a curry

Vocabulary คำศัพท์	Transliteration with tone mark	IPA	Definition ความหมาย
 กุ้ง Gung	Gûng	kûŋ	*Noun* Prawn, shrimp
 หมู Moo	Mŏo	mǔː	*Noun* Pig, pork
 เนื้อ Neuua	Néuua	nɯ́ːa	*Noun* 1. Beef 2. Meat
 ไก่ Gai	Gài	kàj	*Noun* Chicken
 ไข่ Kai	Kài	k^hàj	*Noun* Egg

Vocabulary คำศัพท์	Transliteration with tone mark	IPA	Definition ความหมาย
 เต้าหู้ Dtao-hoo	Dtâo-hôo	tâw hû:	*Noun* Tofu
 ผักชี Pak-chee	Pàk-chee	pʰàk tɕʰi:	*Noun* Coriander
 ต้นหอม Dton-hom	Dtôn-hŏm	tôn hɔ̌:m	*Noun* Spring onion
 มังคุด Mang-kut	Mang-kút	maŋ kʰút	*Noun* Mangosteen
 เงาะ Ngor	Ngór	ŋɔ́ʔ	*Noun* Rambutan

Vocabulary คำศัพท์	Transliteration with tone mark	IPA	Definition ความหมาย
 ทุเรียน Tu-riian	Tú-riian	tʰúʔ riːan	*Noun* Durian
 พริก Prik	Prík	pʰrík	*Noun* Chilli
 เผ็ด Pet	Pèt	pʰèt	*Stative Verb, Adjective* (To be) Spicy
 หวาน Waan	Wăan	wăːn	*Stative Verb, Adjective* (To be) Sweet
 เค็ม Kem	Kem	kʰem	*Stative Verb, Adjective* 1. (To be) Salty 2. (To be) Stingy

Vocabulary คำศัพท์	Transliteration with tone mark	IPA	Definition ความหมาย
 เปรี้ยว Bpriieow	Bprîieow	prî:aw	*Stative Verb, Adjective* 1. (To be) Sour 2. (To be) Sexy, stylish

Curriculum Developers

TSLTK
THAI AS SECOND LANGUAGE TEACHING KIT

CURRICULUM DEVELOPER

THORAPORN THOWRUNGRUANG
(TARA THOW)
ธรพร โถวรุ่งเรือง (แอดมินตุล)

About

- Originally from Songkhla, received education until 10th grade at Alexander's International School in the UK and completed high school at Christchurch Girls' High School in New Zealand.
- Earned Bachelor of Economics and Social Science from University of Sydney.
- Completed Master of Business Administration (MBA) from University of Technology, Sydney (UTS) in Australia.
- A mother of two children, a boy and a girl, residing in Sydney, with a strong desire for her kids to be fluent in Thai.
- Currently working as Co-owner of Thai Kids Academy and Co-founder of Thai as Second Language by Thai Kids Academy (TSLTK)
- Loves finance, business, personal development, psychology, Neuroscience, and has a passion for reading, writing, and singing.

- เกิดและโตที่จังหวัดสงขลา เรียนถึง Year 10 ที่ Alexanders International School ประเทศอังกฤษ และจบมัธยมปลายจาก Christchurch Girls’ High School ประเทศนิวซีแลนด์
- จบปริญญาตรีสาขาเศรษฐศาสตร์และสังคมศาสตร์จาก The University of Sydney และปริญญาโทสาขาบริหารธุรกิจจาก The University of Technology, Sydney (UTS) ประเทศออสเตรเลีย
- อาศัยอยู่ที่ซิดนีย์ เป็นคุณแม่ของลูก ๆ ที่น่ารักสองคน (ชายหนึ่ง หญิงหนึ่ง) และอยากให้ลูก ๆ สามารถพูดภาษาไทยได้
- ปัจจุบันทำงานเป็นเจ้าหน้าที่บริหารจัดการหลักสูตร/คอร์ส เป็นหุ้นส่วนของ Thai Kids Academy ตั้งแต่ปี 2018 และผู้ร่วมก่อตั้ง TSLTK (Thai as Second - Language by Thai Kids Acaemy) ในปี 2020
- สนใจการเงิน ศาสตร์พัฒนาตัวเอง จิตวิทยา ประสาทวิทยาศาสตร์ ธุรกิจ อ่านหนังสือ เขียนหนังสือ และร้องเพลง

TSLTK
THAI AS SECOND LANGUAGE TEACHING KIT

SANGUANSRI KHAENSA (KRU NGUAN)
สงวนศรี แคนสา (ครูหงวน)

About

- Earned a Bachelor of Education in Social Studies from Ramkhamhaeng University.
- Received a Master of Educational Psychology from Srinakharinwirot University.
- Studied various programs in Sydney, Australia, including Language Teaching, Early Childhood Education and Care, Business and Tourism.
- Completed advanced training in Neuro-Linguistic Programming (NLP), coaching, and various therapies.
- Developed expertise in the application of NLP, coaching, and therapy techniques in teaching.
- Currently working as the Founder and Co-owner of Thai Kid Academy, a Thai language school that offers high-quality Thai language courses to students globally, reaching over 53 countries with a track record of positive feedback from highly satisfied parents and students.
- Passionate in Advanced Psychology, Neuroscience and Neurolinguistic.

- จบการศึกษาระดับปริญญาตรี จากคณะศึกษาศาสตร์ มหาวิทยาลัยรามคำแหง
- จบการศึกษาระดับปริญญาโท สาขาจิตวิทยาการศึกษา จากคณะศึกษาศาสตร์ มหาวิทยาลัยศรีนครินทรวิโรฒ ประสานมิตร
- ศึกษาต่อที่ เมืองซิดนีย์ ประเทศออสเตรเลีย ในสาขาต่าง ๆ มากมาย เช่น ด้านการสอนภาษา การดูแลและการศึกษาของเด็กเล็ก ธุรกิจ และการท่องเที่ยว นอกจากนี้ยังได้ศึกษาศาสตร์อื่น ๆ เพื่อช่วยพัฒนาการเรียนรู้ในทุกมิติ คือ โปรแกรมภาษาประสาทสัมผัส การทำโค้ชชิ่ง และการบำบัดต่าง ๆ
- ผู้ก่อตั้งและหุ้นส่วนของสถาบันสอนภาษาไทย Thai Kids Academy ณ นครซิดนีย์ ประเทศออสเตรเลีย ตั้งแต่ พ.ศ. 2560 ซึ่งสอนภาษาไทยให้กับนักเรียนจากกว่า 53 ประเทศทั่วโลก มีมาตรฐานระดับสากล และได้รับเสียงตอบรับจากเด็กและผู้ปกครองเป็นอย่างดี
- ชอบศึกษาหาความรู้อยู่ตลอดเวลาและชอบสะสมประกาศนียบัตรเป็นที่สุด และชื่นชอบศาสตร์ด้านจิตวิทยาการศึกษาพฤติกรรมของมนุษย์ จึงได้ศึกษาต่อในระดับปริญญาโท และชอบนำความรู้ที่ได้จากการเรียนมาปรับใช้กับตัวเอง งาน และนักเรียน

SUTEEMA SRISUM-ANG (KRU PREM)

สุธีมา ศรีสาอางค์ (ครูเปรม)

About

- Earned a Bachelor of Science in Logistics Management from the Faculty of Logistics at Burapha University and a Master of Business Administration from Stamford International University.
- Passionate about teaching and interested in psychology, particularly in children, families, and teaching. Started teaching Math and English as a tutor right after high school.
- Has been teaching Thai to foreigners since 2020. Finds this work fulfilling and has a deep appreciation for the value of teaching Thai as a second language, as it helps mixed children communicate with their families and allows foreigners from various countries to understand Thai language and culture.
- Continuously strives to learn and improve in teaching Thai as a second language, drawing from theories of Thai language and teaching, as well as the experiences gained from each student. Became involved with TSLTK by Thai Kids Academy and participated in their 5th generation teaching training course, leading to a current role as a teacher at Thai Kids Academy.

- จบปริญญาตรีวิทยาศาสตร์บัณฑิต การจัดการโลจิสติกส์ มหาวิทยาลัยบูรพา และปริญญาโท บริหารธุรกิจมหาบัณฑิต มหาวิทยาลัยนานาชาติแสตมฟอร์ด
- รักในงานสอน และสนใจในด้านจิตวิทยาโดยเฉพาะในเด็ก ครอบครัว และการสอน เริ่มงานด้านการสอนจากการเป็นติวเตอร์คณิตศาสตร์และภาษาอังกฤษตั้งแต่จบมัธยมปลาย
- เริ่มสอนภาษาไทยให้ชาวต่างชาติ เมื่อปี พ.ศ. 2563 หลงใหลและมีความสุขในโลกของการสอนภาษาไทยให้ชาวต่างชาติและตระหนักในคุณค่าของการสอน มีความสุขที่เห็นเด็ก ๆ ลูกครึ่งสื่อสารและอ่าน-เขียนภาษาไทยได้ รวมถึงชาวต่างชาติต่างภาษาที่รักในภาษาไทยและความเป็นไทยของเราได้เรียนรู้และเข้าใจภาษาและวัฒนธรรม
- ตั้งใจเรียนรู้ และพัฒนาตนเองอย่างต่อเนื่องในด้านการสอนภาษาไทยทั้งจากทฤษฎี หลักไวยากรณ์ของภาษา และจากประสบการณ์การสอนนักเรียนทุก ๆ คน จนได้มาพบกับหลักสูตร TSLTK by Thai Kids Academy และเข้าอบรมรุ่นที่ 5 จนมาสู่การได้ร่วมงานและเป็นหนึ่งในทีมคุณครูของ Thai Kids Academy ในปัจจุบัน

JEERAPA DEERAKSA
(KRU NAEY)
จีระภา ดีรักษา (ครูเนย) (เดมี่)

About

- Graduated with a Bachelor of Education, Major in Social Studies from Chiangmai University, achieving First Class Honours.
- Enjoys delving into a diverse range of interests, including reading books on culture, way of life, society, history, cooking, and photography, and sharing intriguing and amusing stories with students.
- Started teaching as a freshman and has a passion for education, opening a YouTube channel and Facebook page "Demi 1 Learn Thai" to share Thai language skills, teaching tips, and lifestyle experiences with students from all over the world.
- Led an active lifestyle since high school, participating in camps and academic competitions, and embarking on field trips for personal growth, cultural enrichment, and travel experiences. Visited 48 provinces in Thailand during my student years and recently gained exposure to six countries in ASEAN.
- Working as an online Thai teacher for non-native speakers and recently concluded a two-year au pair program in New York, USA.

- จบปริญญาตรีจากคณะศึกษาศาสตร์ มหาวิทยาลัยเชียงใหม่ วิชาเอกสังคมศึกษา (เกียรตินิยมอันดับ1)
- ชอบอ่านหนังสือ สนใจในเรื่องวัฒนธรรม วิถีชีวิต สังคม ประวัติศาสตร์ ทำอาหาร ถ่ายภาพ สนุกกับการที่ได้เล่าเรื่องราวแปลก ๆ สนุกสนานที่ได้ค้นพบและนำมาแบ่งปันให้กับนักเรียน
- เริ่มต้นการสอนตั้งแต่เป็นนักศึกษา ปี 1 สนุกกับงานสอนเสมอ เปิดช่อง YouTube และ Facebook page ชื่อ Demi 1 learn Thai สำหรับสอนภาษาไทยให้ชาวต่างชาติ แชร์ทักษะภาษาไทย ทักษะการสอน และการใช้ชีวิตกับนักเรียนจากทั่วทุกมุมโลก
- เป็นเด็กกิจกรรมมาโดยตลอดตั้งแต่สมัยเรียนมัธยมจนเรียนจบมหาวิทยาลัย เข้าค่าย แข่งขันด้านวิชาการ เข้าร่วมการจัดทัศนศึกษา โดยมีเป้าหมายเพื่อเก็บเกี่ยวประสบการณ์ ความรู้รอบตัว และท่องเที่ยว จบ ป.ตรี ด้วยการท่องเที่ยวในไทยมากกว่า 48 จังหวัด และล่าสุดได้มีโอกาสเดินทางไป 6 ประเทศในอาเซียน
- ปัจจุบันเป็นครูสอนภาษาไทยออนไลน์ให้ชาวต่างชาติ และเข้าร่วมโครงการออแพร์ ที่นิวยอร์ก สหรัฐอเมริกา เป็นเวลา 2 ปี

TSLTK
THAI AS SECOND LANGUAGE TEACHING KIT

SAKOLSUPA NAPHAN
(KRU KHAOFANG)
สกลสุภา นาพันธุ์ (ครูข้าวฟ่าง)

About

- Earned a Bachelor of Humanities with a Major in English Language from Chiangmai University, where she received Second Class Honours.
- Former cast member of Disney's Hollywood Studios in Orlando, Florida, United States.
- Strong experiences in delivering effective Thai and English language instruction to students globally.
- Currently working as a private teacher for Thai and English language students, including Thai students in Thailand and non-native adult students abroad through online courses.
- Possessing a strong passion for language linguistics, phonetics, psychology and self-improvement.
- Finds comfort and solace in hugging her beloved cow cat, Chloe.

- จบปริญญาตรีจากคณะมนุษยศาสตร์ เอกวิชาภาษาอังกฤษ มหาวิทยาลัยเชียงใหม่ (เกียรตินิยมอันดับ 2)
- อดีตเจ้าหน้าที่ Disney's Hollywood Studios รัฐฟลอริดา ประเทศสหรัฐอเมริกา
- ประสบการณ์สอนภาษาไทย/อังกฤษให้นักเรียนไทยในต่างประเทศ และนักเรียนชาวต่างชาติทั่วโลก
- ปัจจุบันเป็นครูสอนภาษาไทย/อังกฤษให้นักเรียนไทยเพื่อเตรียมตัวไปต่างประเทศ และภาษาไทยออนไลน์ให้ชาวต่างชาติ
- หลงใหลในการสะกด/ออกเสียงภาษาอังกฤษ ชอบศึกษาการพัฒนาตนเองและจิตวิทยา
- รู้สึกอบอุ่นทุกครั้งที่ได้กอดเจ้าแมวลายวัวที่รัก "โคลอี้"

SUPITCHA INPRASIT
(KRU YING)
สุพิชฌาย์ อินประสิทธิ์ (ครูหญิง)

About

- Achieved first-class honours in a Bachelor of Arts from Chulalongkorn University, with a focus on English and a minor in Philosophy.
- Currently employed at a State Enterprise in the Academic Cluster handling international affairs, I also provide educational lessons in Thai and English to a diverse range of students worldwide. In addition to that, I am a proficient translator and artist, and undergoing training to become a voice actress in the future.
- My scopes of interest encompass philosophy, personal growth, the art of communication and presentation, I am also into the study of acting, debates and interpersonal skills.
- In my leisure time, I like to draw, sing, do voice dubbing, and improve my skills. My main goal is to find happiness in the small moments of each day.

- จบปริญญาตรีจากคณะอักษรศาสตร์ วิชาเอกภาษา-อังกฤษ วิชาโทปรัชญา จากจุฬาลงกรณ์มหาวิทยาลัย (เกียรตินิยมอันดับ 1)
- ปัจจุบันทำงานประจำ ในองค์กรรัฐวิสาหกิจ ด้านวิชาการต่างประเทศ ทั้งยังเป็นคุณครูสอนภาษาไทยและภาษาอังกฤษให้กับผู้เรียนทั่วทุกมุมโลก นอกจากนี้ยังเป็นนักแปลเอกสาร งานวิชาการ และบทความต่าง ๆ รวมถึงชอบฝึกพากย์เสียง และ สร้างสรรค์ผลงานการวาดภาพ
- หัวข้อที่สนใจเรียนรู้ ได้แก่ ปรัชญา การเข้าใจและพัฒนาตัวเอง ศิลปะการสนทนาและนำเสนองาน โต้วาที การแสดง และทักษะที่มีประโยชน์ต่าง ๆ
- ช่วงว่างมักจะชอบวาดภาพ ร้องเพลงและฝึกพากย์เสียง สนใจที่จะพัฒนาตัวเองในด้านที่หลากหลาย เป้าหมายหลัก คือการมีความสุขกับสิ่งต่าง ๆ ที่พบเจอในแต่ละวัน

HATAICHANOK KERDKAMBOT
(KRU OH)
หทัยชนก เกิดกำบท (ครูโอ๊ะ)

About

- Holds Bachelor of Arts, in Journalism and Mass Communication, Thammasat University.
- Former Administrative Assistant of the Vice President of Supply Chain, Triumph Aviation Group Inc. (THAILAND).
- Currently works as a trainer at New Counseling Service and teaches English to non-native speakers, as well as teaching Thai to foreigners.
- Has a strong interest to promote and engage in social justice, equality in income, opportunities and rights, and holistic health and wellness, and actively volunteers in related causes.

- จบปริญญาตรีจากคณะวารสารศาสตร์ มหาวิทยาลัยธรรมศาสตร์
- อดีตผู้ช่วยผู้บริหาร Triumph Aviation Group Inc. (THAILAND)
- ปัจจุบันเป็นวิทยากรบริษัท New Counseling Service และครูสอนภาษาอังกฤษ และครูสอนภาษาไทยให้ชาวต่างชาติ
- สนใจและส่งเสริมด้าน Holistic Health การมีสุขภาวะที่ดีแบบองค์รวม ความยุติธรรม และความเท่าเทียมกันในสังคม ทั้งด้านสิทธิ โอกาส และรายได้

SUBHATRA NAOTHINSUKH
(KRU NOOAON)
สุภัทรา เนาว์ถิ่นสุข (ครูหนูอ้น)

About

- Earned a Bachelor of Arts with a major in English Language and Literature with Second Class Honours from Chulalongkorn University's Faculty of Arts.
- Achieved a Master of Management in Human Resources Management with high distinction from Mahidol University's College of Management.
- Worked as an English and French instructor, then spent 17 years at Shell Companies in Thailand. Later transitioned to teaching Human Resources Management courses for graduate-level International Program students at the College of Management, Mahidol University.
- Worked as an HRM/HRD consultant in Organizational and Human Resources Development with over 20 years of experience.
- A non-stop learner of various new areas of interest regarding human beings, languages, psychology, management, as well as those in the area of educational technology. Hobbies include cooking, planting and raising dogs. Enjoys writing articles and translation.
- Currently working as an online Thai teacher for non-native learners both within and outside Thailand. Enjoys answering students' questions about the Thai language and creating custom teaching materials to enhance their learning experience.

- จบปริญญาตรีจากคณะอักษรศาสตร์ จุฬาลงกรณ์มหาวิทยาลัย (เกียรตินิยมอันดับ 2) และปริญญาโทจากวิทยาลัยการจัดการ มหาวิทยาลัยมหิดล (เกียรตินิยมดีมาก)
- อดีตครูสอนภาษาอังกฤษและฝรั่งเศส ทำงานที่บริษัทเชลล์แห่งประเทศไทย 17 ปี ก่อนผันตัวเองมาเป็นอาจารย์สอนวิชาการบริหารทรัพยากรบุคคลให้แก่นักศึกษาระดับปริญญาโทในหลักสูตรนานาชาติของวิทยาลัยการจัดการ มหาวิทยาลัยมหิดล และงานที่ปรึกษาด้านพัฒนาองค์กรและพัฒนาทรัพยกรบุคคลมากว่า 20 ปี
- สนใจหาความรู้เพิ่มเติมในเรื่องต่าง ๆ ที่เกี่ยวข้องกับคน ภาษา จิตวิทยา การบริหารจัดการ และเรื่องอื่น ๆ ด้านเทคโนโลยีการศึกษา ชอบทำอาหาร ปลูกต้นไม้ และเลี้ยงสุนัข รวมทั้งชอบทำงานแปล และงานเขียนต่างๆ
- ปัจจุบันเป็นครูสอนภาษาไทยออนไลน์ให้ชาวต่างชาติทั้งในและนอกประเทศไทย สนุกกับการค้นคว้าเพื่อหาคำตอบมาอธิบายนักเรียนและทำสื่อการสอนเองเป็นส่วนใหญ่

www.ingramcontent.com/pod-product-compliance
Lightning Source LLC
Chambersburg PA
CBHW041512210926
51847CB00012B/126
* 9 7 8 6 1 6 6 1 9 2 0 0 1 *